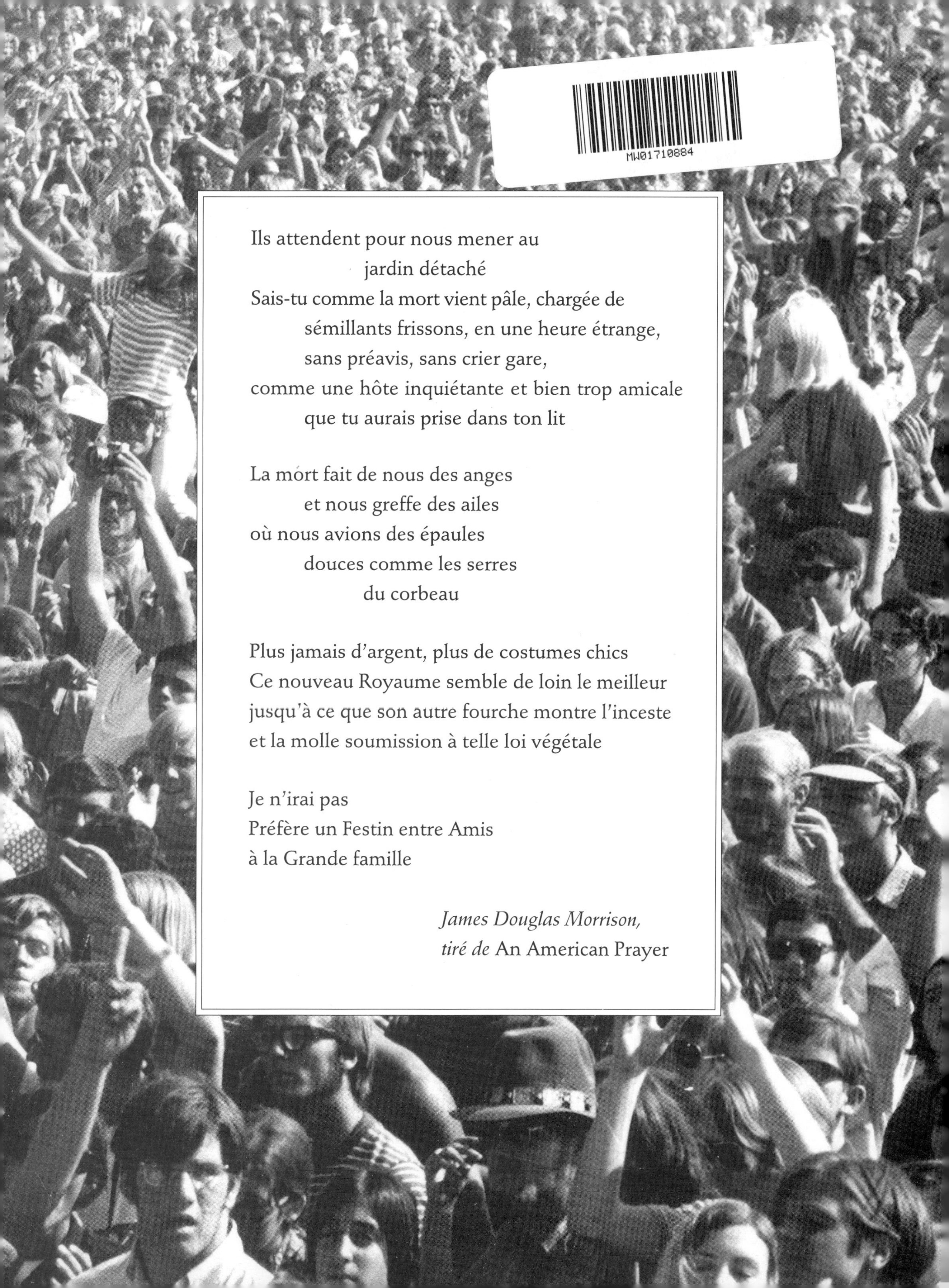

Ils attendent pour nous mener au
jardin détaché
Sais-tu comme la mort vient pâle, chargée de
sémillants frissons, en une heure étrange,
sans préavis, sans crier gare,
comme une hôte inquiétante et bien trop amicale
que tu aurais prise dans ton lit

La mort fait de nous des anges
et nous greffe des ailes
où nous avions des épaules
douces comme les serres
du corbeau

Plus jamais d'argent, plus de costumes chics
Ce nouveau Royaume semble de loin le meilleur
jusqu'à ce que son autre fourche montre l'inceste
et la molle soumission à telle loi végétale

Je n'irai pas
Préfère un Festin entre Amis
à la Grande famille

James Douglas Morrison,
tiré de An American Prayer

MORRISON

Un festin entre amis

Frank Lisciandro

traduit de l'américain par
François Tétreau

Le Castor Astral
Triptyque

Cette édition a été publiée
avec l'accord de Warner
Books, Inc, New York.

Graphisme
Don French & Associates
Santa Barbara

Photographies
© 1991 Frank Lisciandro,
sauf indications contraires

Je dédie ce livre
à ceux que j'aime.

Achevé d'imprimer
par les Ateliers Graphiques
de l'Ardoisière
à Bedous en novembre 1996.
Dépôt légal, novembre 1996.

ISBN 2-89031-254-2
les Éditions Triptyque
2200, rue Marie-Anne Est
Montréal - H2H 1N1
Québec / Canada

ISBN 2-85920-290-0
Le Castor Astral, éditeur
BP 11
33038 Bordeaux cedex (F)

Photographies

Les photos des pages 6, 18, 21, 23 à 26 © Joseph Sia ; p. 31, 37 © Fud Ford ; p. 70, 86 © Gregg Winter ; p. 66 © Dale Smith ; p. 11, 80, 81 © Susan Cuscuna ; p. 87 © Ron Allan ; p. 49, 54, 99, 154 © Henry Diltz ; p. 78, 79, 170 © George Shuba ; p. 50, 74 © Don Paulsen ; p. 62, 88, 89 © Chuck Boyd/Flower Children Ltd. ; p. 8, 120, 131 Michael Ochs Archives/Venice, CA ; p. 55, 60 © Jim Marshall ; p. 143 © Howard Hopkins ; p. 115 © Gareth Blyth ; p. 167 toutes les photos par Jeff Simon ; p. 173, 175, photo de Bruce MacCallum ; p. 14, 152, 153, photos tirées de la collection personnelle de Pamela Courson Morrison.

Graphisme de couverture : Don French
Photo de couverture : © Frank Lisciandro,
colorée à la main par Dave Maestrejuan.

Remerciements

Il est pratiquement impossible de remercier toutes les personnes qui ont participé à la réalisation de cet ouvrage, mais il serait impardonnable d'en omettre une seule. Je tiens à exprimer ma gratitude à tous les gens qui m'ont accordé des entretiens, que leur témoignage apparaisse ou non dans ces pages. Leur concours et leurs remarques m'ont tous été d'un grand secours. Je remercie notamment Bruce Conner, Jean Meyer, Jack Hirschman, Ned Moraghan, Penny Courson, Steve Richmond, Michael Ford, Paul Ferrara, Arthur Korb, Georgia Ferrara Pulos, Guy Webster, Doug Cameron, Richard Tanguay. Je remercie en outre Andrew Hawley, qui a collaboré avec moi tout au long de la réalisation de ce livre; Alison Martino, pour m'avoir aidé à retracer les gens et les photos; Kathy Lisciandro, pour sa patience et ses excellents conseils; Colette Lisciandro, pour ses décisions rapides et judicieuses sur le plan esthétique ; Columbus Courson & Pearl Marie Courson pour leur aide et leur générosité; Deborah Schroeder pour son aide éditoriale et conceptuelle; Jeff Brouws, qui a effectué les tirages de la plupart des photos en noir et blanc; Cynthia Anderson, pour sa relecture attentive du texte; Mel Parker pour ses judicieux conseils éditoriaux; Greg Shaw pour avoir retrouvé les dates et les lieux divers; Michael Beiley, psychologue, qui m'a aidé à mieux comprendre les caractéristiques psychologiques de Jim; Gareth Blyth, un ami de Jim; et enfin, Michael J. Siddons, George Sargent, George Feist, Randy Johnson, Richard Sargent, Carla Hewit, Kathy Johnson, Color Services, Lynne Richardson, Rod Sweetland, Scott Reid et Lucy Brown.

Je remercie les éditeurs suivants de nous avoir autorisés à reproduire des extraits de leurs ouvrages:
Villard Books: *Wilderness,* © 1988, Columbus et Pearl Courson ; *The American Night* © 1990, Wilderness Publications.
Simon and Schuster: *The Lords and the New Creatures,* © 1969, 1970, James Douglas Morrison.

Les poèmes de Jim Morrison sont regroupés, dans leur traduction française, dans *Écrits,* Christian Bourgois Éditeur, 1993. Ce livre réunit les ouvrages suivants: *Seigneurs et Nouvelles Créatures, Une prière américaine, Arden lointain, Wilderness* et *la Nuit américaine.*

Sommaire

La Question

Nous cherchons, à travers les indices et les aperçus suivants, à donner une interprétation plus fidèle de l'homme et à dégager de lui un portrait qui soit à la fois plus intelligible et plus humain.

Naguère, quand les gens apprenaient que j'avais été un ami de Jim Morrison, ils me posaient tôt ou tard la même question : « Comment était-il vraiment ? » J'étais alors capable de leur répondre. Mais à mesure que des fables aussi sensationnelles que contradictoires brouillèrent la réalité, il devint plus difficile pour moi de fournir une réponse simple et directe.

Tout comme les autres grandes figures du rock dont la vie s'est achevée trop tôt, Jim est devenu une sorte d'icône culturelle. Aujourd'hui, les revues, les journaux à grand tirage, les suppléments des quotidiens et la MTV consacrent des colonnes entières et un large temps d'antenne à recréer sans cesse le mythe de Morrison. Pour ses vieux amis, ce pourrait être une bonne nouvelle. N'en croyez rien. Je trouve fort peu de vérité dans ce que j'entends et dans ce que je lis à propos de Jim. De sorte que ce qui fut naguère une question toute simple, sans détour, s'est transformé en un débat sans fin et en un labyrinthe.

À l'époque où Jim vivait, les opinions à son sujet étaient aussi nombreuses que variées. Dans un numéro du *Life Magazine*, en avril 1969, Fred Powledge écrivait : « (...) en public et sur disques, Jim Morrison semble être un homme d'humeur changeante et capricieuse, frappé d'inspirations, et terriblement *stone* à telle ou telle substance. Lorsqu'on le voit sur scène, on se rend compte qu'en plus de ça, il a l'air dangereux, ce qui, pour un poète, paraît contradictoire. » Les reporters échafaudent des analyses pressées à partir de ce qu'ils ressentent sur-le-champ ; malheureusement, rares sont ceux qui vont au-delà de leurs impressions initiales. À l'époque, l'image que le public avait de Jim Morrison était créée de toutes pièces par des communiqués publicitaires émanant de la compagnie de disques, et par des recensions de presse hâtivement composées.

Frank Lisciandro, en 1965.

Page de gauche :
Parfois, quand il fixait l'objectif, c'était comme s'il enlevait une à une les pièces de son armure pour nous découvrir sa vulnérabilité.

Lorsqu'un journaliste passait quelques heures en sa compagnie, le résultat était souvent bien différent. En 1969, Michael Cuscuna écrivit dans *Down Beat* : « À ma grande surprise, j'ai découvert en Jim Morrison un être humain de qualité, victime du sensationnalisme et du harcèlement que lui infligent de stupides journalistes. Ce Jim Morrison-là m'a paru piégé par l'ordinaire de la notoriété et condamné à vivre avec une certaine image publique, alors que ses aspirations et ses dons les meilleurs, tant musicaux que cinématographiques, restent étouffés et / ou inexploités. »

Depuis près de trois ans, j'ai lu et relu les cahiers et carnets de Jim, pour préparer la publication de ses écrits et, tout particulièrement, celle de ses poèmes. Ce rapport captivant avec son travail m'a permis d'apprécier de manière plus aiguë l'envergure de son talent. J'ai découvert que Jim ne prenait que rarement des notes autobiographiques au sens strict. Il s'imposait plutôt le devoir de transformer les événements de sa vie en observations générales et universelles. Il reste que si ces milliers de pages manuscrites me sont désormais familières, j'y ai décelé peu d'indices nouveaux qui m'eussent permis d'expliquer ce qu'il était véritablement.

Tandis que s'érigeait un mur d'informations erronées à son sujet, je notai que les gens qu'on aurait dû entendre, soit ceux en qui Jim avait confiance, avec lesquels il travaillait, tripait et s'enivrait, ceux avec qui il passait son temps et partageait ses idées, en un mot ses amis, n'avaient pour ainsi dire jamais la parole. Je les ai donc approchés et ai commencé à les interviewer un à un, dans l'espoir que mes questions tireraient des renseignements nouveaux et des impressions révélatrices.

Je dus consacrer pas mal de temps et d'efforts pour retrouver certaines personnes dont je souhaitais recueillir le témoignage, cependant que d'autres, qui avaient entendu parler de mon projet et qui brûlaient d'y participer, se lançaient à mes trousses. Certaines de ces personnes n'avaient jamais été approchées par des biographes, des journalistes ou autres, et quelques-unes furent réticentes à se livrer. J'avais néanmoins un atout important. Chacun savait que j'avais été un proche ami de Jim. On ne me voyait donc pas comme un autre de ces reporters concoctant un récit sensationnel, ou comme un opportuniste sorti Dieu sait d'où, cherchant à débusquer quelques secrets bien gardés. C'est pourquoi les amis de Jim, non sans patience et générosité, m'ont confié leurs souvenirs et dévoilé leurs histoires.

Je ne rapporte pas ici les observations des autres membres des Doors, Robbie Krieger, John Densmore et Ray Manzarek. Depuis plus de vingt ans, ils ont eu maintes fois l'occasion d'exprimer leurs points de vue et je n'ai pas toujours été d'accord avec eux. Les pages suivantes ouvrent une nouvelle perspective sur Morrison, non gauchie par d'anciennes rumeurs ou de vieux mythes. Le temps est venu d'écarter ce qui a été énoncé dans le passé, et d'entendre enfin ce que les amis de Jim ont à dire.

J'ai établi deux règles avant de recueillir les témoignages. D'abord, la personne interrogée devait avoir été un ami de Jim (et certes, je n'ai pu les joindre ni les inclure tous) ; ensuite, j'ai demandé à ces gens de ne me faire part que des choses dont ils avaient été témoins, afin de réunir des renseignements de première main. Je ne voulais pas d'histoires dont l'origine était douteuse, ou trop peu fiable. Ainsi connaissons-nous, dans tous les cas, la source exacte des informations publiées dans ce livre.

Cela dit, bien que chaque participant révèle ce qu'il a vu et entendu, *Un festin entre amis* demeure un livre d'impressions et de réflexions. Ce n'est pas un ouvrage scientifique. Non plus qu'une suite de réponses. Les êtres humains, surtout lorsqu'ils sont créatifs, sensibles, et qu'ils ont une forte personnalité, ne se résument pas en une simple formule. Jim Morrison n'était jamais complètement ceci ou cela, dans un sens ou dans un autre.

Ce livre se penche sur des questions et des circonstances qui éclairent la vie d'un être exceptionnel. Nous cherchons, à travers les indices et les aperçus suivants, à donner une interprétation plus fidèle de l'homme et à dégager de lui un portrait qui soit à la fois plus intelligible et plus humain. En soupesant les témoignages de ceux qui connurent Jim, le lecteur pourra tirer ses propres conclusions sur ce que Morrison était véritablement et sur le sens de sa vie. Les éléments sont là ; au lecteur, maintenant, de composer l'image dans son intégralité.

Page de droite :
Bien que Jim ne fumât pas régulièrement, il avait pris goût au cigare. On le voit ici qui se détend dans une chambre d'hôtel, après un concert à Philadelphie, en 1969.

Visions d'un concert

Au printemps 1966, les visions de Jim semblaient sur le point de se concrétiser.

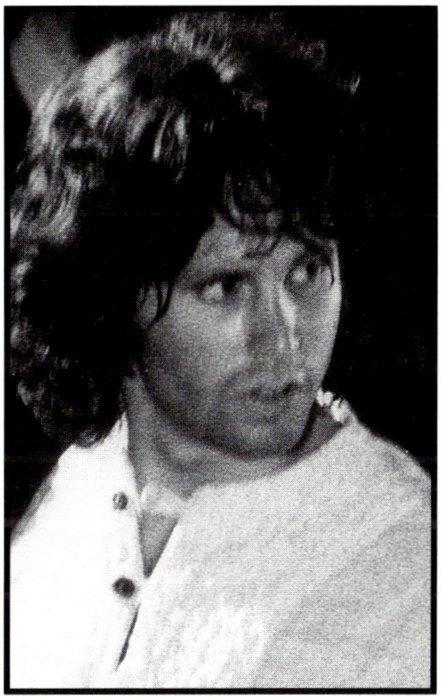

Ce livre n'est pas une biographie ; je n'entends pas retracer la vie de Jim Morrison depuis le jour de sa naissance (le 8 décembre 1943), jusqu'à celui de sa mort (le 3 juillet 1971). Il s'agit plutôt d'un portrait, tracé depuis des angles nombreux et variés, chacun d'eux complétant les autres. Le lecteur n'est pas tenu de commencer à la première page. Il ne se perdra pas s'il saute d'un chapitre à l'autre et s'il les lit dans le désordre. L'ouvrage possède une structure, les chapitres suivant, en principe, une ligne chronologique, mais chacun expose un point de vue qui lui est propre et qu'on peut lire sans tenir compte du reste.

Quel que soit le chapitre par lequel il commencera sa lecture, le lecteur tirera profit du résumé historique suivant qui, comme une carte, l'aidera à s'orienter parmi les nombreux souvenirs et anecdotes.

À la fin du printemps 1965 et au cours de l'été qui suivit, Jim Morrison écrivit des poèmes, des chansons, et fit plusieurs expériences psychédéliques, au cours desquelles il eut la vision d'un concert où il interprétait ses chansons devant un vaste auditoire. Il raconta plus tard que les mots et mélodies qu'il avait perçus étaient aussi nets dans son esprit que le sont ceux de n'importe quelle chanson passant à la radio.

Un jour, par hasard, il tomba sur Ray Manzarek, un de ses condisciples du département de cinéma de l'UCLA *(l'université de Californie à Los Angeles)*. Les Doors étaient nés. Après huit mois de répétitions, ponctués de changements de musiciens et de refus d'engagements dans les boîtes de nuit et par les compagnies de disques, le groupe trouva un emploi stable au London Fog, club aujourd'hui disparu, situé alors sur Sunset Strip. La rémunération était symbolique, mais la boîte offrait au groupe un local pour améliorer son répertoire, tout en se produisant sur la scène rock de Los Angeles, alors en ébullition.

Au printemps de 1966, les visions de Jim semblaient sur le point de se concrétiser. Les Doors furent engagés comme groupe attitré au Whiskey-a-Go-Go, le club le plus en vogue sur le Strip et, avant la fin de l'été, ils signèrent un contrat avec Elektra Records, puis enregistrèrent leur premier

Jim et Pam s'amusent dans un photomaton.

album. Lancé en janvier 1967, ce disque, *The Doors*, ne remporta d'abord que peu de succès. Mais le fait d'avoir un disque distribué par une firme reconnue offrait au groupe des occasions de se produire sur des scènes plus importantes, et les Doors jouèrent bientôt dans les fameuses salles de San Francisco, l'Avalon et le Fillmore.

En avril, Elektra sortit une version écourtée de « Light My Fire », chanson tirée du premier album. Le titre obtint un énorme retentissement et, vers la fin de juillet, s'installa au premier rang du Top 100. Le succès du 45 tours entraîna l'album, qui monta rapidement au palmarès. De fréquentes diffusions à la radio et des articles dans les revues nationales de premier plan firent connaître le nom du groupe dans tout le pays, et garantirent sa renommée.

En octobre, Elektra lança un autre album, *Strange Days*, qui en deux semaines seulement atteignit la quatrième position du Billboard. Durant les semaines suivantes, les deux albums des Doors occupèrent ensemble une place parmi les dix meilleurs disques, réussite rare et considérable en soi.

À mesure que son public s'élargissait, le groupe se produisit dans des auditoriums de plus en plus vastes et dans des salles de sport ; la prestation de Jim variait d'un soir sur l'autre et d'une ville à l'autre. Ses tentatives visant à provoquer, dans de si vastes lieux, une réaction psychologique immédiate du public, rendaient les spectacles parfois très intenses et excitants, quelquefois plus ordinaires ou ennuyeux. Le 9 décembre 1967, Jim fut arrêté sur scène durant un concert à New Haven, au Connecticut ; ce n'était pas le premier de ses étranges démêlés avec la justice, ce ne fut pas le dernier non plus.

Des photos de Jim parurent dans les journaux et les magazines ; il était devenu la nouvelle idole, le nouveau *sex symbol* et, dans tout le pays, les filles se disputaient son attention. Mais seule Pamela Courson possédait le fin alliage d'intelligence, de beauté et d'allure propre à ramener Jim vers elle. Ils s'étaient rencontrés en 1967, alors que les Doors jouaient au London Fog et, durant les années qui suivirent, leur idylle, comme un feu battu par le vent et la pluie, vacilla et s'embrasa à tour de rôle.

Les troisième et quatrième albums des Doors ne présentèrent pas, pour la critique, autant d'attrait que les deux premiers, qui se signalaient par beaucoup d'invention et d'innovation. Jim semblait moins intéressé par les concerts et n'éprouvait aucun goût pour le mode de vie privilégié auquel son succès et sa fortune le promettaient. Malgré l'obligation qu'il avait de partir sans cesse en tournée et d'enregistrer d'autres disques, Jim trouva toujours le temps d'écrire. Ses carnets indiquent une activité créatrice incessante, un souci des mots, et la préoccupation de cultiver un art poétique. Dans tout ce qu'il écrivait, Jim laissait à ses mots libre cours – ce qui est la

Jim en vint à détester l'image de bel adolescent au torse nu qu'il avait contribué à créer.

marque d'un artiste emporté par des inspirations soudaines – et, en même temps, il y mettait la patience et l'attention d'un artisan raffinant son ouvrage.

À l'occasion, il confiait ses poèmes à des magazines musicaux, destinés aux fans, et à des revues d'avant-garde. En 1968, il publia deux livres à son compte, *The Lords* et *The New Creatures,* qui furent réunis l'année suivante sous un seul et même titre, publié par un éditeur à grand tirage qui assura une large distribution.

Le plus frappant dans les écrits de Jim est le soin qu'il portait aux détails et l'inflexible sensibilité critique dont il faisait preuve dans l'exercice de son art. Il considérait ses écrits comme des objets en constante évolution, aussi n'hésitait-il pas à leur apporter des changements. Il écrivait, puis réécrivait, de sorte que chaque version resserrait la langue, affûtait le rythme et rapprochait toujours davantage le poème d'une certaine élégance tendue et musculeuse.

Le 1er mars 1969, les Doors donnèrent un spectacle dans un auditorium étouffant et surpeuplé, à Miami, en Floride. Ce soir-là, les mots de Jim, de même que son comportement sur scène, déclenchèrent un torrent de protestations. Quatre jours plus tard, les autorités locales lançaient un mandat d'arrêt contre lui. Cette réaction hostile força l'annulation de plus de vingt-cinq concerts. Dans certaines régions du pays, plusieurs stations de radio s'engagèrent à ne plus passer la musique des Doors et, à Miami, un grand « rassemblement pour la décence publique », attira plus de 30 000 personnes à l'Orange Bowl.

Jim et Frank au Lucky-U, un bar et restaurant mexicain que Jim appréciait particulièrement. Photo prise le 8 décembre 1970, jour de l'anniversaire de Jim.

En raison de cette fureur, provoquée par l'incident de Miami, les Doors ne purent partir en tournée et Jim se lança dans d'autres projets. Il écrivit un scénario de film, *HWY*, dont il assura la coréalisation et dans lequel il joua ; il mit au point un autre scénario, avec le poète et dramaturge Michael McClure, et il donna, sans compter, temps et argent pour favoriser l'ouverture de la boutique de vêtements *Themis*, appartenant à Pam. Avec une énergie comparable à celle qu'il consacrait à ses nouveaux projets, Jim s'engagea résolument dans la voie de l'éthylisme, absorbant chaque jour de formidables quantités d'alcool.

Avec *Morrison Hotel*, le cinquième album des Doors, le groupe revint à un bon vieux rock, inspiré du blues, qui obtint les faveurs de nouveaux fans et remporta les suffrages de l'ensemble de la presse. Les concerts reprirent, et Jim put présenter de nouveau sa version d'un théâtre rock dans de grandes salles, tant aux États-Unis qu'au Canada, au Mexique et en Europe. Il se fit pousser une barbe bien fournie et prit du poids. Certains lui reprochaient son penchant immodéré pour l'alcool, tandis que d'autres estimaient qu'en agissant de la sorte, Jim troquait son image d'idole du rock pour celle de poète des rues. Il paraissait effectivement plus décidé que jamais à s'affirmer comme un poète à part entière. Il enregistra ses poèmes dans le but de lancer un disque narratif, indépendamment de ses activités au sein des Doors.

Durant les premiers mois de 1971, Jim enregistra les chansons du dernier album que le groupe s'était engagé à réaliser pour Elektra, puis il quitta discrètement les États-Unis pour un séjour prolongé à Paris, où Pamela avait déniché un appartement et où elle l'attendait. Jim espérait trouver là une existence plus paisible, afin de consacrer plus de temps à la littérature et au cinéma.

Même s'il avait laissé derrière lui les bars et les boîtes de Los Angeles, Jim ne renonça guère au plaisir que l'alcool lui procurait. À Paris, il se ménagea plus de temps pour écrire et, si on en juge par les quelques lettres qu'il écrivit alors, il semblait satisfait et déterminé à demeurer dans cette ville.

Jim mourut à Paris le 3 juillet 1971, à vingt-sept ans, et fut enterré au Père-Lachaise. Le certificat de décès attribue sa mort à une défaillance cardiaque.

Une allégorie

Je trouvais tout à fait incroyable qu'un homme puisse reprendre comme ça un épisode plutôt mineur de sa vie, où un flic stupide s'était pointé, lui avait pulvérisé du Mace dans les yeux, et qu'il parvienne à en faire une allégorie...

Ci-dessus : Vince Treanor, 1969.

Page de gauche : Jim sur scène, à New Haven, en 1967.

Lorsque Vince Treanor, garçon calme et réservé, dans la trentaine, assista au spectacle des Doors à New Haven, au Connecticut, en 1967, il ne se doutait pas que cette expérience allait transformer sa vie du tout au tout. Avant ce concert-là, Vince n'aurait jamais imaginé qu'il allait bientôt pénétrer de plain-pied dans l'arène du rock and roll et devenir un membre indispensable de l'équipe des Doors.

À l'époque, j'étais facteur d'orgues depuis une quinzaine d'années. J'avais une bonne petite affaire, des amis, une famille, une voiture. Tout ce que je possédais se trouvait dans la petite ville d'Andover, au Massachusetts.

Je m'intéressais à la musique classique et j'étais plutôt du genre intellectuel. J'écoutais de la musique populaire à l'occasion, mais uniquement parce que des ados bossaient avec moi, l'été, à l'atelier, et qu'ils écoutaient la radio en travaillant, c'est tout. J'avais pas le choix, c'est vrai. J'étais plus ou moins gavé de force, et la chose est encore plus incroyable, parce que lorsque j'ai entendu les Doors pour la première fois, « Light My Fire » et « Crystal Ship », j'ai été stupéfié par le caractère hautement classique de cette musique.

Vince vit le groupe la première fois en août 1967, lors d'un concert au casino d'Hampton Beach.

Je suis revenu de ce spectacle persuadé d'avoir vu les Beatles américains. Convaincu d'avoir vu le groupe qui allait devenir n° 1 aux États-Unis. J'étais impressionné par la musique, impressionné par les orchestrations, impressionné par la manière de jouer... c'était une expérience vraiment stupéfiante, électrique... ah... une expérience impossible à décrire. Il fallait être là.

Cet été-là et l'automne suivant, Vince fit en sorte d'assister à d'autres concerts des Doors. Vers la fin de l'année, avec quelques amis plus jeunes, il se rendit à New Haven pour entendre les Doors une nouvelle fois. C'était le 9 décembre 1967, Jim avait eu vingt-quatre ans la veille et, pour la première fois, Vince le vit de près. En fait, s'il put le voir de si près et assister aux événements qui se déroulèrent ensuite, c'est qu'il avait eu accès aux coulisses.

Je suis parti d'Andover avec quatre amis pour voir les Doors en concert. J'avais rencontré Bill Siddons *(un étudiant de dix-neuf ans qui s'occupait alors du matériel des Doors à temps partiel, et qui, quelques mois plus tard, allait devenir leur manager attitré)* durant les concerts précédents et je lui avais donné un coup de main pour ranger le matériel après les spectacles. Celui de New Haven se présentait donc comme un autre concert sans problème particulier. On a aidé Bill à tout monter, à brancher les appareils, et on était derrière la scène quand la nouvelle est tombée : Jim venait de recevoir du Mace* dans les yeux. [**NdT : substance aveuglante contenue dans un atomiseur.*]

Bill Siddons, 1970.

Jim était arrivé à l'Arena de New Haven après le repas. Il avait rencontré une fille dans sa loge et ils avaient commencé à faire connaissance. Ne trouvant pas là assez d'intimité, ils avaient cherché un autre endroit et s'étaient installés dans les douches (le spectacle avait lieu dans un complexe sportif où on présentait parfois des parties de hockey, et il y avait donc, en plus des loges, des vestiaires et des douches). Un peu plus tard, un policier municipal surprit Jim et cette fille et leur demanda de dégager. Estimant que le flic les harcelait, Jim lui dit d'aller se faire foutre. D'autres propos du même genre furent échangés, et le flic finit par pulvériser du Mace au visage de Jim, lui causant une cécité passagère et des brûlures au visage.

Bill Siddons et Ray Manzarek apprirent la nouvelle d'un ado qui courut vers eux en criant : « On vient d'attaquer votre chanteur avec du Mace ! » Ils réagirent aussitôt, informant les policiers que Jim était effectivement leur chanteur-vedette.

Après l'incident, on avait poussé Jim vers une voiture de police. Les flics s'apprêtaient à l'embarquer, lorsqu'ils s'avisèrent que des milliers de fans, dans la salle, attendaient que le concert débute. Emmener Jim en prison pouvait causer des problèmes plus considérables que le laisser donner son spectacle.

Ray et Bill aidèrent Jim à se laver. Le chef de la police présenta des excuses et chacun crut le malheureux incident clos.

Jim venait d'être agressé ; on l'avait lavé, on lui avait soigné les yeux, appliqué de l'onguent, et il allait monter sur scène. Il était encore un peu sonné et absolument ulcéré par ce qui venait d'arriver, même s'il semblait plus calme après les excuses et les tapes dans le dos des policiers.

Bien entendu, son visage était encore un peu rougi, et ses yeux, à peine injectés de sang, larmoyaient un peu. Dans l'état où il était, il m'a fait comme un signe de tête en montant sur scène, sans doute parce que son esprit était occupé à tout autre chose.

Sur scène, guettant le moment de produire son effet.

Après avoir croisé Jim derrière la scène, Vince se rendit dans la salle. Entre-temps, sur l'estrade, Jim avait repris la situation en main. Aux 2 000 fans et plus qui se trouvaient là, il présenta toute la gamme de ses tours. Dans Life Magazine, *Fred Powledge décrivit ainsi la prestation : « Il se tenait devant les six amplificateurs imposants, dans son pantalon de cuir noir, et il tournoyait, chantait, ondulait, sautait, rampait, cajolait, sursautait, tournoyait, et hurlait des poèmes à plus de 1 300 watts dans le vieux complexe sportif. »*

Jim vivait de façon spontanée, et tout particulièrement lorsqu'il était sur une scène. Il prenait chaque instant comme il se présentait et composait avec, sur-le-champ. Il savait entraîner le public. Si la salle était hostile, il répondait aussitôt. Il pouvait la soulever et la calmer à sa guise, comme on joue avec un variateur de courant.

Soudain, il récitait des poèmes qui lui passaient par la tête, ou il récitait des vers qu'il avait écrits cinq ans plus tôt, qui lui revenaient tout à coup, et qui le branchaient à ce moment-là. Il pouvait en sortir comme ça, ou bien lancer une formule-choc, faire une remarque comique, ou improviser un laïus. Ray, John et Robbie l'accompagnaient en musique. Ils l'épaulaient tout le temps et toujours le suivaient. Jim dirigeait et, quelle que soit la direction donnée, ils le suivaient.

Et cette voix qu'il avait, soyeuse, douce, mais puissante en même temps, comment dire, c'était comme du velours et, parfois, de l'acier. Les registres, la portée, la maîtrise qu'il en avait. Et le personnage aussi, comment dire... Il se tenait là, par exemple, avec cette expression, tu sais, sur le visage, et ses yeux, ces yeux, grands, toujours dilatés, tu te souviens ? On regardait dedans, il y avait ce trou, et Morrison était là, dans ce trou, un trou noir. On pouvait pas le toucher, on pouvait pas le voir, mais on savait qu'il y avait là un mystère, et ce mystère-là, même si on ne savait pas trop ce que c'était, on l'entendait dans sa voix.

La dernière chanson que Jim chanta ce soir-là, « Back Door Man », un blues de Willie Dixon, possède un refrain qui semble avoir été inspiré par Morrison lui-même : « Les hommes ne savent pas, mais les petites filles comprennent. »

Au début d'un couplet, Jim a changé de motif, il s'est mis à improviser des vers pour décrire les événements de la soirée. « Vous voulez entendre une histoire ? Je vais vous en raconter une. Voulez-vous une histoire ? C'est arrivé ici. Où est-ce qu'on est, déjà ? »

Les gens répondent « New Haven, New Haven ». Et il leur raconte son histoire.

« Je vais vous raconter quelque chose qui est arrivé ici, il y a quelques minutes, ici même, à New Haven. »

Silencieuse, la foule écouta Jim improvisant un petit monologue qui suivait le rythme de la musique. Il raconta qu'il avait dîné, qu'il avait bu quelques verres, qu'il avait parlé religion avec une serveuse, puis il décrivit son arrivée au complexe sportif de New Haven, et sa rencontre avec une fille dans sa loge.

Tandis que le groupe jouait, Jim poursuivait son improvisation et, tout à coup, il piqua la curiosité des policiers.

Alors on a voulu plus d'intimité
Alors on est allés dans les douches
On ne faisait rien, parole,
On était là, tranquilles, on parlait.

Alors un p'tit bonhomme est entré,
Un p'tit bonhomme avec un p'tit costume bleu
Avec une p'tite casquette bleue
Et il a dit :
« Qu'est-ce que tu fous là ? »
« Rien. »
Mais il ne partait pas,
Il restait
Alors il a pris quelque chose derrière lui
Alors il a sorti une p'tite bombe noire
de quoi...
C'est comme de la crème à raser,
Alors il
l'a pulvérisée dans mes yeux.
J'étais aveuglé...

Page de droite :
Jim improvise le récit
qui provoquera son arrestation.

Le lieutenant Kelly, le flic en chef ce soir-là, essaie d'interrompre le concert durant les dernières mesures de « Back Door Man ».

Pour Bill Siddons, cette improvisation fut carrément cathartique ; elle révélait la profonde fracture qui divise la société américaine et qui opposait alors la Jeunesse à l'Autorité, et les droits de l'individu aux tactiques brutales de l'État.

BILL : Oh ! c'était fantastique. C'était fantastique. C'était comme... Je trouvais tout à fait incroyable qu'un homme puisse reprendre comme ça un épisode plutôt mineur de sa vie, où un flic stupide s'était pointé, lui avait pulvérisé du Mace dans les yeux, et qu'il parvienne à en faire une allégorie, donnant ainsi aux jeunes les meilleures raisons d'envoyer chier les autorités. Au milieu de « Back Door Man », il a fait une pause de sept minutes, comme ça, et il a raconté toute l'histoire de son altercation avec la police. Et il a tellement ridiculisé la logique, le raisonnement des policiers, qu'il aurait pu soulever ces milliers d'ados, ils se seraient fait tuer pour lui. C'était incroyable. C'était vraiment une soirée extraordinaire.

VINCE : Les flics étaient furieux qu'il ait raconté l'histoire. Ils pensaient avoir fait un pacte. Tout le monde, sauf Jim, leur avait dit : « D'accord, c'est oublié, tout va bien. » Jim, lui, avait juste souri. Il faisait souvent des trucs comme ça. Tout le monde autour de lui pouvait dire : « Ouais, c'est cool, pas de problème, tout est arrangé », Jim ne faisait que sourire. Il ne disait pas un mot. Alors on repartait avec le sentiment qu'il était calme, que tout allait pour le mieux. Mais quand on y songeait une

minute, on se rendait compte qu'il n'avait rien dit, il n'avait pas ouvert la bouche, il avait seulement souri.

Ray Manzarek conseille la prudence, mais Jim est déterminé à défier la police.

Soudain, à la fin de « Back Door Man », les lumières s'allumèrent et des policiers firent irruption sur la scène. Au micro, Jim demanda pourquoi on allumait. Pas de réponse. Il demanda aux spectateurs : « Voulez-vous en entendre une autre ¿ » D'une seule voix, la foule cria : « OUI ! » « Alors, qu'on éteigne », fit Jim en regardant la cabine de l'éclairagiste. « Éteignez cette foutue lumière. » Le lieutenant Kelly, le flic le plus haut gradé ce soir-là, apparut sur la scène et attendit un moment, les poings sur les hanches en fronçant les sourcils, comme un flic dans un vaudeville.

VINCE : Il se pointe, se dirige vers Jim, il traverse la scène, pose sa main sur le micro et répète : « Vous êtes en état d'arrestation. Vous êtes en état d'arrestation. Le spectacle est terminé. »

Jim lui tendit le micro en faisant : « Dis ton truc, mon vieux. » Un autre flic attrapa le micro et l'éloigna de Jim. La foule était furieuse et de nouveaux flics envahirent la scène.

VINCE : Jim était un manipulateur de foules, un manipulateur-né, je veux dire. Il était incroyablement doué pour ça. Il savait comment soulever

Le lieutenant Kelly informe le public que le concert est terminé.

les gens et les calmer aussi vite. Il venait de leur conter l'incident, les gens avaient pris son parti et assistaient tout à coup à son arrestation, là, sous leurs yeux. Jim ne méritait certainement pas un tel sort, et les jeunes le savaient.

BILL : C'était tellement ridicule que des fillettes de douze ans criaient aux flics d'aller se faire foutre : « Allez vous faire enculer, bande de trous d'cul. » Elles sortaient des obscénités que j'aurais pas trouvées moi-même. Imagine, des gamines qui n'avaient même pas de seins encore, et qui hurlaient comme ça contre la police, simplement parce que Jim leur avait conté une histoire irréfutable. Il n'avait dit que la vérité. Et on savait que c'était vrai. On savait que c'était pas des conneries, que la police l'avait agressé sans ménagement, qu'elle avait réagi de façon démesurée à un incident mineur. Et il avait raconté ça avec le plus comique des accents traînants du Sud qu'il avait appris en Floride, de sorte que les flics avaient l'air de parfaits couillons. Alors la police devait l'arrêter. Je suis surpris qu'on ne lui ait pas tiré dessus.

Sur la scène, la tension monte et Bill se porte à la défense de Jim, s'interposant entre lui et les flics.

BILL : Je gesticulais devant le policier, je protestais, et Jim s'est tourné vers moi et m'a dit : « Tu n'y peux rien, Bill. Ils doivent faire ça. Je vais en tôle. C'est ça qui se passe. » Je l'ai regardé à mon tour et il m'a empêché de perdre complètement la boule ; il savait qu'il était allé trop loin et que l'autorité prenait les choses en main. Je veux dire, non pas l'autorité en soi, mais certaines personnes complètement conditionnées, incapables de voir plus loin que leurs consignes.

VINCE : Alors deux autres flics sont arrivés, ils ont saisi Jim, un de chaque côté. Jim a fait cette grimace comique, tu sais, ils l'ont retourné, et ils l'ont emmené derrière le rideau d'abord, puis au bas de l'escalier, à l'arrière-scène.

Dans la salle, les jeunes étaient sidérés, c'est-à-dire que la foule était... comment dire, tout ça... c'était choquant. D'abord de voir des flics monter sur scène, et puis de les voir s'emparer de Jim. C'était une fin plutôt abrupte après un spectacle déjà assez provocateur. Alors les gens ont commencé à scander des slogans et les flics ont annoncé : « Bon, ça suffit. Tout le monde dehors. » Et ils ont carrément vidé la salle, en poussant tout le monde. Ils redoutaient une émeute. Mais ce public-là, penses-tu, ce public franchement conservateur de la Nouvelle-Angleterre, il n'allait pas se révolter. Les gens se demandaient simplement : « Seigneur, qu'est-ce qui se passe ? » C'était juste ça, bien plus qu'autre chose.

Vince et ses amis firent alors le tour de la salle et parvinrent à franchir le cordon de police, expliquant qu'ils faisaient partie du personnel. Derrière la scène, ils virent d'autres flics pousser Jim au bas d'un escalier.

VINCE : Une fois en bas – rappelle-toi, Jim n'était pas gros. Bon, il était un peu plus costaud que moi, mais rien à voir avec le bétail des plages californiennes, loin de là – c'était un doux, de toute manière. Un pacifiste en tout cas. Et ces deux types le retenaient. Il pouvait même pas se débattre.

Donc, on l'avait viré de la scène, on l'avait poussé au bas des marches et, quand on est arrivés près de l'escalier, deux flics le retenaient, un à gauche, un à droite. Le flic devant lui s'est retourné et a commencé à le frapper en pleine gueule. Quatre fois, dans la mâchoire, le poing fermé. Le type l'a vraiment frappé. Et l'autre flic, derrière, avec son avant-bras, frappait sur la nuque et sur les omoplates, avec son avant-bras, comme une prise de catch, tu vois, avec l'avant-bras, en cognant sur les épaules et sur la nuque. Environ quatre ou cinq fois. On a vu ça, nous étions témoins.

Alors j'étais là... à trois mètres, ou un peu plus, et je regardais la chose, j'étais juste à côté. C'est-à-dire que, de cet endroit, on voyait tout ce qui se passait. Deux flics retenaient Jim qui, à tout casser, devait peser 60 kilos, bottes comprises. Et il y avait ces deux gros flics, deux colosses, un de chaque côté, et un autre devant, qui faisait le boulot. Il l'a frappé quatre fois...

Ensuite, ils l'ont sorti. Ils l'ont sorti par une porte latérale, pas celle par où les camions entrent habituellement, une autre, plus petite, donnant sur le parking. Une voiture de police attendait. Là, ils l'ont jeté à terre et ont commencé à lui donner des coups de pied.

Je sais que Jim n'était pas bagarreur, mais je sais aussi que ce n'était pas un lâche ; j'ai demandé à Vince si Jim avait cherché à se libérer de l'emprise des policiers.

VINCE : Il pouvait pas. Il avait deux gars sur lui. Un à chaque bras. On l'avait retourné, on l'avait emmené derrière la scène, derrière le rideau, où personne depuis la salle, ni même depuis la scène, ne pouvait le voir. C'est là qu'ils l'ont tenu et que le flic de devant s'est retourné, l'a frappé en pleine face, pendant que l'autre flic le cognait dans le dos.

Par la suite, les policiers prétendirent que Jim avait résisté à son arrestation.

VINCE : Quand ils l'ont sorti et que les autres Doors sont partis, j'ai dit à Bill : « Il faut que tu y ailles, suis-le jusqu'au poste, fais ce que tu peux, mais vas-y. On s'occupe de tout. » Après, avec mes amis, on a remballé le matériel pendant que d'autres gars démontaient la scène. On a tout dégagé vite fait, tout emballé, on a chargé le camion, puis on est rentrés.

Dans le hall, Tim Page, un photographe récemment rentré du Viêt-nam, habitué des situations de crise, photographia la police en train de frapper un ado. Un flic poussa Page dans la rue. Celui-ci protesta, exigea des excuses, et fut immédiatement embarqué. Tout juste après, la police arrêta Yvonne Chabrier, reporter à Life, *et Michael Zwerin, critique de jazz dont les articles paraissaient dans le* Village Voice. *On les jeta dans le panier à salade en route pour la prison.*

On accusa Jim d'avoir troublé l'ordre public, d'avoir présenté un spectacle immoral, indécent, et enfin d'avoir résisté à son arrestation. On fixa la caution à 1 500 dollars; Bill Siddons en garantit le paiement avec les reçus de la vente des billets, mais il ne fut pas autorisé à attendre au poste de police, sous prétexte qu'il n'était pas un parent de l'accusé. Il resta donc dehors, dans la froide nuit de décembre de Nouvelle-Angleterre, avec ses vêtements californiens, T-shirt et pantalon de coton.

VINCE : Nous, sur la route, braves citoyens de Nouvelle-Angleterre et résidants de la petite ville pépère et conservatrice d'Andover, on n'en revenait pas d'avoir assisté, pour la première fois, à une manifestation de brutalité policière. Le dimanche soir – le concert avait eu lieu la veille –, j'ai appelé Bill et lui ai dit que... bien sûr, toute l'affaire était dans le journal, et on se doutait qu'il allait y avoir des problèmes, alors je lui ai dit : « Écoute, Bill, informe les avocats que s'ils veulent contre-attaquer et poursuivre la police, mes amis et moi, nous irons témoigner. »

Ensuite l'affaire s'est tassée, on a abandonné la poursuite contre Jim. Surtout parce que la police craignait que l'épisode du Mace soit révélé en cour, ce qui aurait sûrement été le cas.

Au téléphone, Bill m'a dit qu'il risquait de perdre sa dispense de service militaire, parce qu'il manquait les cours trop souvent ; il devait donc quitter le groupe. Il m'a dit : « Je ne peux pas continuer avec eux. Si tu veux la place, appelle le manager. » Ce que j'ai fait le vendredi matin. À midi, tout était réglé, j'ai reçu un billet de première classe et, le 26 décembre, je montais dans un appareil de l'American Airlines en partance pour San Francisco.

Si j'étais anxieux ? Tu parles. Je laissais ma mère, mon père, ma sœur, mon frère, mon entreprise, ma voiture, mes amis... Durant les cinq heures passées dans cet avion, j'ai traversé la pire crise de toute ma vie. Avais-je fait le bon choix ? Est-ce que j'allais y arriver ? Serais-je capable de faire ça ? Les gars allaient-ils m'apprécier ? Chaque minute m'éloignait de chez moi et de la sécurité dont j'avais joui durant plus de trente ans, je fonçais dans l'inconnu. Pas d'amis, pas de connaissances, rien. Je n'avais absolument rien là-bas. J'étais un parfait étranger dans une étrange contrée.

J'ai retrouvé le groupe au Fillmore West de Bill Graham, aujourd'hui devenu le Winterland, et ma deuxième rencontre avec Jim commença pour le mieux... Il m'a chassé des coulisses ! « Pourriez-vous sortir », il a dit. Il ne savait pas qui j'étais.

Jim Morrison en vint à mieux connaître Vince Treanor et à compter sur lui pour toutes les questions techniques reliées à la puissante sonorisation du groupe. Vince demeura avec les Doors jusqu'à la fin, ne ratant aucun concert, toujours là avec des pièces de rechange, ou un tournevis, et toujours prêt à réparer ce qui flanchait. Il avoue n'avoir jamais regretté son ancienne vie.

Avec ses cheveux longs et ses traits anguleux, Vince passait souvent pour un membre des Doors. On le voit ici avec Jim, à New York, en 1969.

Beatniks

On voulait prendre la route, voyager, aller boire de la bière au Mexique, et voir si on ne pourrait pas draguer des femmes en France.

Voilà, c'est ici, le 1717 Alameda Avenue. Quand il avait treize et quatorze ans, en 1957 et 1958, Jim Morrison habitait là. Il était le maître de cette chambre ronde, là-haut, et les jours de pluie, comme les jours où on avait envie de rien faire, on restait là à dessiner et à imaginer les tours pendables qu'on pourrait jouer aux autres. C'était comme un grenier, à l'abri des parents et de tout le monde, personne ne venait nous emmerder.

Je me trouvais dans une rue calme et ombragée d'Alameda, en Californie, devant une belle et grande maison de style Queen Anne. À mes côtés, Fud, un ami d'adolescence de Jim, m'indiquait du doigt la chambre où, ensemble, ils passaient leurs journées à l'époque.

Jim avait treize ans lorsqu'il rencontra Fud Ford, dans les semaines qui suivirent son inscription au collège d'Alameda, en deuxième année du secondaire. Les Morrison – le commandant Steve Morrison, Clara, la mère, Ann, la cadette, et Andy, encore gamin – s'installèrent à Alameda, une île voisine d'Oakland, après que la Marine y eut affecté le commandant. C'était en 1957 et le rock and roll faisait des percées de plus en plus significatives dans la culture populaire américaine. Elvis avait été couronné le King *et, chaque semaine, des millions de spectateurs regardaient Ricky Nelson à la télévision, qui chantait et jouait de la guitare dans la populaire série de ses parents,* The Adventures of Ozzie and Harriet.

Quels que furent les proches amis de Jim avant son arrivée à Alameda, je doute qu'ils aient eu à ce point l'esprit vif et malicieux de gamin des rues, et l'insouciance qui caractérisent Fud Ford. Lui et moi nous sommes rencontrés dans un magasin de disques bien connu, où Fud est à la fois gérant et spécialiste de toute question touchant à la musique des années 50 et 60.

Fud Ford, une année environ après que Jim eut quitté Alameda.

Je suis un gars du coin, et quand Jim est arrivé dans cette ville, il a trouvé en moi un type capable de lui enseigner toutes les ficelles. On a fini par devenir de très bons amis. Il avait mon âge, exactement, et j'avais un bon groupe d'amis auxquels je l'ai présenté. Les gens l'appréciaient beaucoup. Il savait s'y prendre avec tout le monde, sans doute parce qu'il avait souvent déménagé ; il était très doué pour ça.

On était tout le temps ensemble. Durant les années de collège, on se fait généralement un copain avec qui on passe le plus clair de son temps et, pour Jim, il s'est trouvé que c'était moi.

Avant d'arriver à Alameda, Jim avait déménagé plusieurs fois, à mesure que son père s'élevait dans la hiérarchie de la Marine. Il est une opinion selon laquelle les enfants qui déménagent souvent deviennent des solitaires ; on prétend qu'ils préfèrent s'isoler plutôt que de s'exposer à de douloureuses ruptures à répétition.

Fud secoua la tête.

Non, il était tout l'inverse ; il était très amical et liant. Je pense qu'il aimait déménager ; ça lui permettait de rencontrer d'autres gens. D'autres gens pour s'amuser et d'autres gens à asticoter. C'est la première chose qui m'a attiré chez lui. On suivait un même cours, et son sens de l'humour était... simplement fantastique.

Jim était aussi un assez bon sportif et faisait partie de l'équipe de natation du collège ; en tout cas, il était suffisamment bon pour entrer dans l'équipe et participer aux compétitions de premier niveau. Il excellait en brasse-papillon, une nage très difficile pour laquelle il faut avoir une bonne musculature des membres supérieurs. Il avait pas mal de force dans le haut du corps, avec des épaules et des bras bien développés.

LE PLAISIR À L'ÉTAT PUR

Les écrivains et les poètes débutent un jour quelque part. Les panoramas d'Alameda, d'où on voit le pont et la silhouette de San Francisco, inspiraient-ils le jeune Jim Morrison ?

Pas vraiment ; les seules choses qu'il écrivait devant moi étaient de petits sketches insensés, destinés aux malheureux qui appelaient chez lui par erreur, ou qui téléphonaient, tout simplement. Il répondait d'une voix sombre : « Allô, Thelma à l'appareil » ; ou il prenait un accent oriental : « Lésidence Mollison ». Il changeait d'accent. Il avait un réel penchant pour le théâtre.

Il profitait de privilèges réservés au personnel de la Marine. Il y avait une salle pour l'entraînement à la lutte, avec des matelas, on y allait et on luttait tous les deux. On avait mis au point un numéro qui donnait l'impression qu'on se battait véritablement, comme des voyous. On roulait par terre, devant un autobus, ce qui obligeait le chauffeur à s'arrêter, puis on continuait à se bousculer.

À la piscine, il marchait juste au bord et faisait semblant de tomber à l'eau. Même chose sur le plongeoir : il avançait et s'emmêlait tout à coup les pieds, il vacillait comme s'il allait tomber. Les gens assis tout autour poussaient des « Oh », des « Ah », et ça traumatisait les vieilles dames. Tous ces trucs qu'il a fait quand il est devenu superstar, comme de marcher sur les corniches d'hôtels, au vingtième étage, eh bien, il s'est entraîné ici, à Alameda, c'était vraiment un exhibitionniste.

Les périodes tranquilles de réflexion étaient plutôt des heures où on décidait ce qu'on allait faire, où on mettait nos frasques au point. On déterminait qui serait la prochaine victime, comment on allait s'y prendre, tout ça. Il était très doué pour jouer des tours, vraiment très doué.

Même s'il était plus petit que ses camarades, Jim était un excellent nageur. Durant la première année de son séjour à Alameda, il participa aux compétitions de l'équipe junior de son collège. Il signa son prénom dans l'album de Fud.

Ici, à Alameda, toutes les rues conduisent à une plage. Sur la rive sud, chaque rue possède sa plage privée. Durant l'été, on y allait en maillot, et rien n'était plus facile que de le retirer, de courir dans tous les sens, en faisant des signes d'une main, en brandissant le maillot de l'autre et en rigolant comme des débiles. On s'est vraiment bien amusés, tu sais, juste du plaisir, le plaisir à l'état pur.

Jim faisait-il des tours et des farces au collège ?

Bien sûr que oui. Les responsables de discipline le sanctionnaient constamment, soit parce qu'il avait pris le mauvais escalier, soit parce qu'il s'était allongé par terre dans le couloir, entre les cours, en faisant le mort, risquant de se faire marcher dessus par tout le monde.

Dès qu'il en avait l'occasion, il se moquait des profs. Il passait pas mal de temps en retenue et dans le bureau du directeur.

Appréciiez-vous certains professeurs ?

Je ne me souviens pas avoir eu de bons profs. Je suis sûr qu'il y en avait, mais je trouvais que l'école était surtout une perte de temps. J'imagine que beaucoup d'ados pensaient comme moi et pensent encore la même chose aujourd'hui. Jim était sans doute aussi intelligent que la plupart de ses profs. Il était extrêmement intelligent. Il obtenait d'excellentes notes avec un minimum d'efforts. On prenait l'école très à la légère.

Qu'en était-il des bagarres, des luttes de clans, le genre de choses qu'on voit dans le film Rebel Without a Cause *et qu'on associe volontiers à l'adolescence durant les années 50 ?*

Je ne me souviens pas que Jim ait été mêlé à quelque bagarre que ce soit, ni qu'il ait été violent, pas même sous le coup de la colère. En fait, je ne me souviens pas qu'il se soit jamais mis en colère.

Les drogues n'étaient pas encore à la mode et, question alcool, on en était encore à l'apprentissage. Boire était une chose tolérée ; le week-end, les jeunes sortaient et buvaient avec leurs copains du collège. À l'occasion, Jim et moi goûtions aux bouteilles du commandant, mais pas tant que ça.

PARTIR SUR UN COUP D'ÉCLAT

Larry Keenan, un autre garçon d'Alameda, se rappelle avoir suivi plusieurs cours avec Jim, mais son mode de vie était tout autre que celui de Fud.

LARRY : Fud et moi étions allés à l'école Saint-Joseph, école catholique, mais je ne pouvais pas courir les rues de la ville, qui est une petite île en fait, comme lui avait l'habitude de faire. Il connaissait sans doute beaucoup de monde parmi ceux qu'on appelait les « gamins de l'école publique », parce qu'il sortait bien plus souvent que moi et qu'il traînait dans les rues la plupart du temps. Il a eu pas mal d'ennuis d'ailleurs, même quand on était enfants.

Au collège d'Alameda, Larry eut l'occasion d'observer de près les frasques de Jim.

LARRY : Je n'étais pas de ceux qui fréquentaient Morrison, mais je l'ai souvent regardé faire. On sentait vraiment quelque chose en sa présence. Il avait un je-ne-sais-quoi que les autres ne possédaient pas. On sentait une sorte de magie autour de lui – c'est sans doute le mot que tu aurais choisi si tu avais été là. Il avait quelque chose que chacun semblait voir et sentir. Tout le monde parlait sans cesse de lui, de ce qu'il avait fait ici, de ce qu'il avait fait là-bas. En rentrant chez moi, je parlais de lui à toute ma famille, à mes frères, à ma sœur. Il avait un style unique, tout simplement, le genre de gars à propos duquel on raconte plein d'histoires, parce qu'il est tout à fait capable d'inventer des trucs pareils, choquants, plus ou moins scandaleux.

Il se comportait comme un dingue, mais il était toujours capable de s'en tirer. Les gens l'aimaient pour ça. Pas seulement les jeunes, les profs aussi ; ils ne sévissaient pas tellement à son égard. À cause de cette magie qu'il avait. Je veux dire... Tout le monde savait qu'il déconnait, tout le

monde savait qu'il faisait le pitre, mais personne ne le lui reprochait. C'est un des aspects qui m'ont toujours fasciné chez lui. Mes parents étaient très stricts ; ils m'auraient puni si j'avais fait des choses semblables, et je voyais aller ce gars-là, jour après jour, qui s'en tirait tout le temps. Personne ne s'en tirait comme lui.

Lorsqu'on l'interrogeait en classe, il avait toujours la bonne réplique. Ça, c'est l'autre aspect qui me fascinait. Il n'y avait pas que ses tours et ses farces, il possédait une langue aussi, et il savait s'en servir pour se tirer d'embarras. Il avait une façon bien à lui de dire des trucs impertinents, sans s'attirer d'ennuis, alors qu'un autre qui aurait dit exactement la même chose se serait fait ramasser. Il devait avoir une meilleure façon de formuler la chose, plus déroutante, peut-être.

Et il était très drôle. Je ne me souviens pas tellement des blagues qu'il racontait, mais je me souviens de son insolence, par exemple. Il était celui qui, dans un groupe, fait un commentaire sur la classe et fait rire tout le monde. Il avait une bonne voix, ce qui perturbait le cours, bien sûr, mais il était vraiment drôle. Très drôle.

Le premier jour, la façade imposante du collège d'Alameda dut impressionner Jim mais, par la suite, il fit de cette école le théâtre de ses frasques.

Comment était-il devenu ainsi ?

LARRY : C'était l'époque des rebelles, tu sais, celle de James Dean. Je pense qu'il participait de cela. Le fils aîné d'un militaire de carrière. J'en ai connu plusieurs comme lui. Ils détestent la discipline et la rigidité de ce mode de vie, tout ce qui est lié à ça. Ils veulent faire radicalement autre chose. Je crois que Morrison était en train de... se détacher de tout cela. Il était absolument insolent. C'est ce dont tout le monde se souvient à son sujet, l'incroyable énergie qu'il dépensait en insolence. Et je crois qu'un gars comme Fud, qui était déjà pas mal insolent lui-même, en plus d'être profondément non-conformiste, l'a probablement aidé à devenir comme ça.

Le dernier jour, au moment de quitter Alameda, Jim décida de laisser à ses camarades un souvenir dont on parlerait longtemps.

LARRY : Quelqu'un travaillant au bureau du directeur est entré dans la classe pour l'avertir qu'il était temps de partir. Il devait s'en aller tout de suite, au beau milieu du cours. Et Jim a dit : « Bon. Je vais partir sur un coup d'éclat. » Il s'est levé, a posé un pétard sur le bord du pupitre du prof, l'a allumé, il a tourné autour quelques instants, puis il a passé la porte. C'est comme ça qu'il est parti.

LA REVUE MAD *ET LES POÈTES BEAT*

D'ordinaire, quand parents et grands-parents demandent aux enfants ce qu'ils feront plus tard, ceux-ci répondent astronaute, flic ou super-héros. Au collège, d'autres réalités se dessinent et les rêves se transforment. Quelle carrière Jim et Fud envisageaient-ils ?

FUD : On voulait devenir beatniks, comme les personnages de *On the Road*. On voulait prendre la route, voyager, aller boire de la bière au Mexique et voir si on ne pourrait pas draguer en France. Essentiellement des fantasmes, qui sont demeurés des fantasmes pour moi, mais qui sont devenus réalité pour lui. La lecture de *On the Road* éveillait pas mal de fantasmes dans les jeunes esprits. En plus, les types, dans ce livre-là, voyageaient partout, faisaient un tas de trucs, vivaient pleinement leur vie.

C'était en pleine époque beatniks. Alors, on enfilait des pulls, on mettait des Levis, des sandales, on allait à San Francisco, à North Beach, pour flâner devant les cafés. Parfois, on y entrait et on écoutait des lectures de poèmes. On essayait de piquer du vin. On se promenait à Playland, sur la plage, c'était un endroit fabuleux pour des jeunes. Ça n'existe plus aujourd'hui.

Jim lisait donc les écrivains beat.

FUD : Il lisait tout, depuis la revue *Mad* jusqu'aux poètes beat et aux romanciers de l'époque. Plutôt que d'écouter du rock, il lisait Kenneth Rexroth et des trucs dans le genre.

Page de droite : Dessin de Jim au crayon ; cette caricature d'un beatnik est l'un des dessins humoristiques que Fud a conservés.

Es-tu en train de me raconter que Jim se foutait du rock ?

FUD : Oh, on écoutait de la musique, mais quand il mettait du rock, il y avait de bonnes chances pour que ce soit un disque d'Elvis. Il aimait vraiment Elvis. En fait, lorsqu'on écoutait des disques, c'était le plus souvent des trucs humoristiques, des monologues, du théâtre, des poèmes. Ferlinghetti et Rexroth avaient enregistré des disques comme ça, chez Fantasy Records.

Ça peut sembler un peu bizarre de passer son temps à écouter des disques de poèmes, mais c'est la vérité. On allait à Oakland, chez *Stairway to Music*. Il y avait un bon choix de disques dans ce genre là-bas, on n'avait donc pas besoin d'aller bien loin. Moi, j'écoutais surtout du rythm'n blues ; alors on allait d'abord choisir des trucs pour moi, chez *Duo Records*, ensuite pour lui, chez *Stairway to Music*.

HASCH & PUTAINS

D'après Fud, Jim n'écrivait pas de poèmes à l'époque et, mis à part Elvis, il n'écoutait guère de rock. Je craignais presque de l'interroger sur les filles.

FUD : Ah oui, bien sûr, il plaisait à tout le monde, mais surtout aux filles. Il ne sortait pas avec une fille en particulier, mais plusieurs l'aimaient bien. Durant l'été, on allait chez différentes filles et on profitait d'elles au maximum, pour la bouffe, pour rigoler.

Il faut se souvenir qu'on était dans les années 50. Le sexe n'était pas un sujet à prendre à la légère, on déconnait pas avec ça. Il n'y avait pas de grandes maladies. Ils avaient la chaude-pisse, je pense, dans ce temps-là, mais on l'attrapait juste chez les putes de Tijuana, sujet dont nous discutions.

Et sur quoi deux gars, à peine adolescents, se basaient-ils pour parler des prostituées de la frontière mexicaine ?

Sur Jack Kerouac...

Bien sûr.

... sur la lecture de son livre, *On the Road*. Ces types-là se rendaient au Mexique, parlaient hasch et putains, de sorte qu'on fantasmait toujours là-dessus... baiser des putes.

GLANDER

Fud avait ses entrées chez les Morrison et était en bons termes avec les parents de Jim.

FUD : La mère de Jim, Clara, était... une mère normale. Si je me fie au souvenir que je garde d'elle, je peux dire que c'était une mère modèle. Je la revois devant l'évier, avec son tablier, prenant soin des trois enfants. Elle était plutôt gentille. Elle était stricte. Elle obligeait Jim, sans cesse, à se brosser les cheveux et à porter des vêtements propres, alors qu'à l'époque, on était vraiment cool quand on ne lavait pas ses jeans. L'idéal, c'était qu'ils tiennent debout tout seuls dans le coin. La mère de Jim était incapable de voir une mode là-dedans. Pour elle, c'était des pantalons sales et il fallait que Jim en porte des propres. Mais il se foutait de tout ça dès qu'on quittait la maison.

Son père, oh, tu sais, on voyait tout de suite que c'était un type important et pas homme à plaisanter. Il imposait le respect quand il entrait dans une pièce. C'était un militaire de carrière ; Jim l'appelait le Commandant [*ou* Commandeur. *NdT*]. Il me donnait l'impression d'être un père absent, il n'était pas là bien souvent. Jim n'en parlait pas beaucoup.

On passait notre temps à dessiner, à écouter la radio et des disques, quoi encore ? Je pense que tout ça était très ordinaire. On traînait. Chez moi, c'était bien. On pouvait faire à peu près tout ce qu'on voulait. Chez lui, on se réfugiait dans sa chambre, là-haut, et on glandait. On glande pas mal quand on est un ado.

DES COURSES EN FAUTEUIL

Les Slaymaker étaient les voisins des Morrison ; Richard Slaymaker avait le même âge que Jim et Fud.

Je connaissais Richard depuis la petite école, il souffrait de leucémie et on allait le voir pour le distraire, lui faire la causette, etc. On lui rendait visite presque chaque jour. Tout à coup, Jim, ou moi, suggérait d'aller lui dire bonjour.

On y est allés pendant six mois à peu près. Comme ça, pour le voir, lui rendre visite, c'était pas compliqué, il était là, juste la porte à côté.

Il était dans un fauteuil roulant, ses parents le sortaient, le mettaient au soleil, alors nous, on faisait des balades avec lui, des courses aussi, sur deux roues. Il n'allait pas à l'école, il était violet. Les gens violets ne mettent pas les pieds à l'école ici. On ne les y admet pas.

Vers la fin, tout est allé très vite. Et puis il est mort. Je ne me rappelle pas être allé aux obsèques, mais on l'a vu péricliter et changer de couleur plusieurs fois.

Jim, sans doute, en eut de la peine, parce que Richard était mourant, et que c'était en quelque sorte à l'initiative de Jim qu'on allait le voir tout le temps, pour tâcher de l'égayer. Jim avait beaucoup de compassion.

UN AUTRE DÉMÉNAGEMENT

Après avoir habité moins de deux ans à Alameda, les Morrison déménagèrent une fois de plus.

Ils devaient s'installer à Norfolk, en Virginie. Le commandant venait d'y être nommé capitaine.

Ah, ce fut une bien triste épreuve pour moi. Jim était triste lui aussi. Je perdais mon meilleur ami et, le dernier moment qu'on a passé ensemble, c'était chez moi. Je me souviens du commandant arrivant en voiture. Ils avaient une Packard turquoise, vraiment laide, ils sont passés le prendre et sont partis là-bas, avec mon meilleur ami. J'étais vraiment triste. L'une des rares fois où j'ai pleuré lorsque j'étais gamin.

Le jeune Jim Morrison et son copain Fud mettaient leurs frasques au point dans la chambre ronde, là-haut, sous les combles de cette maison d'Alameda.

Un jeune frère

... un jour que nous étions seuls, il me demande : « Dis donc, es-tu jamais passé de l'autre côté ? » Je lui ai répondu : « Oui. » Parce que c'était le cas. J'y étais vraiment allé.

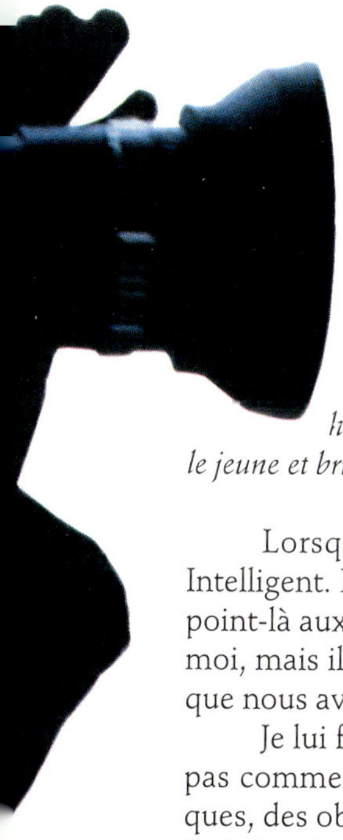

Durant toute sa vie, Jim se choisit des compagnons qui éprouvaient le besoin de découvrir, puis d'explorer, la frange étroite qui sépare une conduite convenable d'un comportement perturbateur. Jim rencontra Philip O'Leno en 1964, au département de cinéma de l'UCLA qu'ils fréquentaient alors tous deux comme étudiants, rêvant de devenir réalisateurs. Philip, qui avait suivi auparavant des cours de théâtre au City College de Los Angeles, était un jeune homme de grande taille, fantasque et instruit. Il admirait Orson Welles, le jeune et brillant réalisateur de Citizen Kane *et de* Touch of Evil.

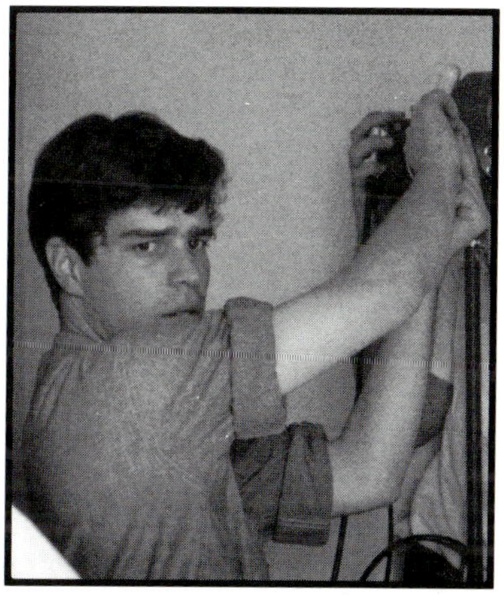

Philip O'Leno alors qu'il travaillait à un film d'étudiant, à l'UCLA, en 1965.

Lorsque j'ai rencontré Jim, c'était un type simple. Très énergique. Intelligent. Plein d'humour. Pas compliqué. Non pas que j'étais rompu à ce point-là aux subtilités du monde, il n'avait qu'un ou deux ans de moins que moi, mais il était un peu comme mon jeune frère. C'est le genre de relation que nous avions.

Je lui faisais des sermons, tu sais, comme un frère aîné. Je ne lui disais pas comment conduire sa vie, non, non. Je faisais simplement des remarques, des observations, sur la façon dont les gens et la société fonctionnent. Il était très fort, dynamique et sûr de lui. Il n'était pas sorti beaucoup encore. J'imagine qu'il avait eu une vie assez protégée jusque-là. C'est ce que j'entends par simple ; il n'avait pas encore eu à en découdre avec le monde extérieur.

À part Jim, je fréquentais surtout deux autres gars, Ray Manzarek et John DeBella. Nous évoluions ensemble, en quelque sorte. Jim s'est rapproché de moi. Je pourrais en tirer quelque fierté... Ça ne signifie pas grand-chose, mais bon, c'est un fait : je les ai présentés l'un à l'autre.

En rapprochant Jim et Ray Manzarek, Philip créa un lien qui conduisit plus tard à la formation des Doors. Pour lors, Jim Morrison ne songeait pas au rock and roll, mais bien au cinéma.

UN FILM COCHON

Il avait, comme moi, cette aspiration-là. Il voulait devenir cinéaste. C'était l'art ultime. Nous passions des jours entiers, des mois même, à élaborer des théories sur le cinéma et à les raffiner.

Nous partagions pas mal d'idées sur les films, sur l'histoire du cinéma, sur la passion du métier. Et ceux qui ressentaient ça plus que les autres se tenaient davantage ensemble.

Après avoir appris les techniques de base, arrive le jour de les mettre en pratique dans un véritable film, bien à soi.

Certaines expériences du département de psychologie consistaient à projeter des films à des personnes assises dans des fauteuils et à enregistrer leurs réactions. Contractions épidermiques, ondes cervicales, cardiogramme, etc. On leur branchait des électrodes sur le corps, pour voir ce que certaines images suscitaient comme réaction. C'était en plein mon domaine. Jim trouvait ça pas mal intéressant lui aussi.

À force de persévérance et avec l'aide d'un professeur, Philip parvint à se faire engager par le département de psychologie pour réaliser des films destinés à la recherche en question.

J'en ai fait trois. Le premier s'appelait *Melancholia*. Oublions le deuxième, je ne me souviens même pas ce que c'était. Et le troisième s'intitulait *Sexuality*.

Rien de bien osé, je t'assure. L'équipe s'est installée dans la maison d'un copain, sur la plage, et un ami comédien est venu avec sa copine. Ils se sont déshabillés. Tout, sauf les sous-vêtements. On s'est contentés de les filmer de très près. Plusieurs prises différentes d'un couple qui se caresse au milieu de l'après-midi. Mais pas de baise.

Jim a vu ces prises-là et m'a demandé : « Oh ! c'est bon ça. Est-ce que je peux t'en prendre quelques-unes ? » Je lui ai répondu : « Oui, bien sûr, prends-les. Je m'en fous. » C'étaient des chutes qu'on avait mises dans un sac, pour les jeter. Il les a montées et il a réalisé son film avec ça.

Il a fait un montage très rapide, très serré, qui donnait l'impression de montrer bien plus de choses qu'il n'y en avait. Ça donnait l'impression que les acteurs faisaient beaucoup plus de trucs qu'ils n'en faisaient vraiment. Il n'y avait absolument rien de particulier sur les prises originales... C'était son genre, ça, de chercher la controverse en utilisant des trucs qui lui tombaient sous la main.

À la projection, son film a provoqué un vrai scandale. Tout le monde huait et criait contre lui. Surtout les profs. Sais-tu de quel film je parle ? Le film « cochon » qu'il a fait ?

J'aimerais pouvoir dire que je sais à quel film Philip faisait allusion, mais aucune image ne me revient. Je ne me souviens pas que Jim m'en ait parlé, non plus que de ses autres films de l'UCLA. Quand un nouvel événement se produisait dans sa vie, il allait droit devant, c'était comme si une porte se refermait derrière lui, il se dirigeait vers le prochain épisode, sans regarder en arrière.

Il était malicieux. Le plus drôle, c'est que tout le monde savait qu'il avait réalisé ça à partir des chutes du film que j'avais fait pour le département de psycho, film qu'ils avaient mis sous clé dans leurs archives. Une petite chose tout à fait inoffensive, pourtant. D'une part, ils voulaient des trucs un peu piquants pour la recherche scientifique et, par ailleurs, ils ne voulaient pas que ce soit trop excitant. Je ne sais pas au juste ce qu'ils avaient en tête.

Quand je lui ai fait remarquer qu'il était le plus proche ami de Jim durant ces années à l'UCLA, Philip hésita.

Oh, je ne sais pas. Parfois, sans doute. Mais il était pas mal refermé sur lui-même. Il arrivait qu'on s'appelle au milieu de la soirée, pour lire à l'autre ce qu'on venait d'écrire.

Duel photographique. Jim braque sa nouvelle caméra super 8, et Paul Ferrara, son Nikon.

Des fois, je l'appelais de la bibliothèque pour lui faire part d'un texte démentiel, à propos de l'inconscient, de la mythologie, ou des thèses de Jung... Je pouvais l'appeler, comme ça, et lui lire toute l'histoire. Il relevait ce qui était bien, ce qui l'était moins. Il disait : « Oui, ça c'est vrai. Pourquoi t'ajouterais pas ceci, ou cela ¿ »

Alors, vraiment, je ne sais pas. Je le connaissais bien. On se connaissait bien. On s'appréciait beaucoup.

SAUTER DANS LE VIDE DE L'ESPACE

Pour Jim, l'été de 1965 fut carrément magique. En juin, il obtint son diplôme de l'UCLA, mais ne se présenta pas à la cérémonie officielle. Il coupa les liens avec sa famille, quitta son appartement, et vécut là où quelqu'un lui offrait un lit, un canapé, ou juste un coin pour dormir. Il n'avait pas de voiture et ne possédait rien qu'il ne pouvait emporter avec lui. Quelques amis lui ouvraient leur porte, et quand il n'en trouvait pas, il lui restait les toits de Venice et la belle étoile. Pour Jim, ce fut l'été du changement, celui de la métamorphose.

Métamorphose. Un objet est coupé de son nom, de ses habitudes, de ses relations. Détaché, il devient juste la chose, en soi et par elle-même. Lorsque cette désintégration en essence pure est finalement atteinte, l'objet se trouve libre de devenir perpétuellement quoi que ce soit d'autre.

(*Extrait de* The Lords)

Au cours de l'été, Jim et Ray se retrouvèrent un jour par hasard. L'un et l'autre cherchant alors à canaliser leur énergie créatrice, ils eurent l'idée de former les Doors. Mais, d'après Philip, quand vint l'automne, le groupe n'était pas ce qui intéressait Jim au premier chef.

Se défoncer était... tu sais. Planer et transcender. Si, à cette époque-là, il avait pu sauter dans le vide de l'espace, il l'aurait fait, et sans musique encore. Mais la musique était, de toute évidence, le moyen pour lui d'y parvenir. Jim et Ray le savaient. Ray disait : « Bon, on va devenir le dernier des grands groupes. D'abord il y aura eu les Byrds, et puis les Doors. Ensuite ce sera la fin de tout ça. » Nous en étions certains sans même nous poser la question, on ne mettait pas ça en doute, ça ne nous étonnait même pas. Et c'est bien ainsi que les choses ont tourné.

Si quelqu'un d'autre était apparu à ce moment-là, Jim l'aurait suivi. Quelqu'un qui aurait eu une sorte de magie, si tu veux. Ou si une circonstance particulière s'était présentée à lui... Mais il était dit qu'il devait créer ce groupe. Afin d'avoir les bases nécessaires pour travailler et se faire entendre. Il décollait dès qu'il posait le pied sur une scène. Il touchait des espaces que peu de gens atteignent. Jim et le groupe, ensemble.

Juste avant que nous ne partions pour le Mexique, John DeBella et moi, j'ai proposé à Jim de venir avec nous et il m'a répondu : « Non, j'ai l'impression que l'ambiance de Los Angeles m'est favorable maintenant. Je pense que plein de choses se passent ici ; je ne vais pas partir à ce moment-là. » Ça, c'était juste après la fin des cours.

Des fois, tu sais, on a soudain l'impression que des choses vont arriver, que le destin nous appelle, et il avait ce sens-là.

Jim était un anarchiste-né, jamais il n'était tenté de suivre ces gourous ou ces saints hommes qui marquèrent tant les années 60.

J'entends par là qu'il ne méditait pas, il n'allait pas à l'église, mais il cherchait toujours – je parle du temps où on était ensemble – à être juste et franc avec tout le monde... jamais de calomnies, de malentendus, d'embrouilles, ni quoi que ce soit du genre. C'est une position très spirituelle.

Sur scène, à Los Angeles, fin 1967.

Si je me comportais envers quelqu'un d'une manière, disons, susceptible d'être améliorée, mon jeune frère me corrigeait, ou me soulignait la chose. Il savait voir... il avait une âme très « ancienne ». Il n'était pas mûr encore, mais il savait deviner.

PASSER DE L'AUTRE CÔTÉ

Le 4 mai 1953, alors que Jim Morrison n'avait encore que neuf ans, Aldous Huxley avala un verre d'eau contenant des cristaux de mescaline. Cette expérience fut pour lui semblable à « ce qu'Adam avait vu au matin de la création ». Au printemps de l'année suivante, Huxley publia un bref ouvrage sur le sujet, intitulé The Doors of

Perception. *Ce titre est tiré d'une observation de William Blake : « Si on nettoyait les portes de la perception, toute chose paraîtrait à l'homme comme elle est véritablement, illimitée. »*

Le livre de Huxley conquit une nouvelle génération, pressée d'en finir avec la mentalité des années 50. Au début des années 60, Timothy Leary et Richard Alpert, de l'université d'Harvard, commencèrent à publier les résultats de leurs recherches sur les effets des drogues dites psychédéliques. En un an, le LSD, fabriqué par la société pharmaceutique suisse Sandoz, et dans des laboratoires domestiques sur les côtes Est et Ouest des États-Unis, se mit à circuler sur les campus des collèges et des universités. Avant octobre 1968, la consommation de LSD était certes considérée comme dangereuse, mais sa possession était parfaitement légale sur presque tout le territoire américain. Jim en fit usage tôt et souvent.

Nous avons été très *stone*. Très. Tu sais qu'il arrive alors des moments où des miracles se produisent, enfin des choses qu'on tient pour vraies, parce qu'il n'y a pas moyen de les expliquer autrement. Miracles de vie, d'énergie, de parfait synchronisme, dirait-on, la manière dont les événements se coordonnent, tu sais, s'accordent parfaitement. Cela suffit pour rendre plus évident, non seulement le Tout-Puissant, mais le Tout, à quiconque le recherche.

En d'autres termes, Jim ne prenait pas de drogues uniquement pour le plaisir récréatif ; quelle que soit la substance absorbée, il ne visait pas juste le bien-être qu'on en tire. Il prenait ça pour atteindre un véritable espace transcendantal, lequel s'est élargi, je pense, quand il a commencé à se produire sur scène. Le fait de prendre, de recevoir et de donner, l'aidait à décoller et à emporter le public avec lui. Mais on ne peut pas faire ça tout le temps.

Quand je suis rentré du Mexique, j'habitais un appartement de la Troisième Rue, à Santa Monica, et un jour que nous étions seuls, il me demande : « Dis donc, es-tu déjà passé de l'autre côté ? » Je lui ai répondu : « Oui. » Parce que tel était le cas. J'y étais vraiment allé. Certaines expériences que j'avais faites là-bas, dans les montagnes, avec des champignons magiques, m'avaient permis de transcender complètement. Je n'étais plus... je n'avais plus le moindre contact avec le monde physique, j'étais totalement absorbé par ce qui se produisait en moi.

Avez-vous fait plusieurs trips ensemble ?

Des masses. Et pas une expérience désagréable, pas une seule. Ça ne m'est jamais arrivé, d'ailleurs. L'ouverture d'esprit, sans doute, le sentiment de liberté absolue et l'absence de toute espèce de peur faisaient en sorte qu'il n'y avait jamais de *bad trip*. J'imagine que, lorsque ça tourne mal, les gens se sentent noués, ou qu'ils sont effrayés. Ce n'était jamais le cas. Pas une fois. On prenait des drogues euphorisantes, de temps en temps, mais jamais de *bummers*, jamais de problèmes.

On se baladait sur les murs, sur les clôtures... on s'accrochait aux corniches des immeubles, des trucs comme ça, seulement pour rire, et c'était excitant, parce qu'on était sur l'acide, et que ça nous faisait triper.

On se créait des émotions fortes... au beau milieu de la nuit, par exemple, près des canaux de Venice, on jouait à cache-cache. Chacun partait de son côté, puis, par télépathie, on cherchait à rejoindre l'autre. Il pouvait y avoir des dizaines de pâtés de maisons entre nous, on finissait toujours par se retrouver, sans l'avoir prévu. C'était drôle. Exaltant.

Bien que la transcendance ne fût pas l'objectif des Doors, elle était, d'après Philip, une sorte de message que Jim voulait transmettre à son public.

C'est ce qu'il entendait par *break on through*. Ce qu'il m'avait demandé dans l'appartement de la Troisième Rue : « Es-tu déjà passé de l'autre côté ? », il voulait savoir si j'y étais vraiment allé. Je lui ai répondu : « Oui », en songeant aux expériences que j'avais faites avec des champignons. J'étais complètement sorti de moi-même, des sortes d'esprits m'avaient guidé et ramené. Alors je lui ai répondu : « Oui. »

C'est ça que ça voulait dire pour lui. Pas juste prendre de la drogue pour le plaisir d'en prendre. Mais avoir un moyen de briser sa coquille et de devenir autre. Mourir et naître à nouveau.

Et en 1965, au moment de cette conversation, était-il déjà passé de l'autre côté, lui ?

Il a répondu : « Pas moi. » Mais il faut se souvenir que le groupe n'avait pas encore pris son essor. Par la suite, il y est parvenu. Sur scène probablement. Là, Jim était libre. Avec le groupe derrière lui, il pouvait décoller et emporter le public n'importe où. En toute énergie et puissamment. Il n'est pas nécessaire d'être seul pour parvenir à ça. Je suis persuadé qu'il est passé de l'autre côté.

TRAÎNER DANS LA VILLE

Le désir d'aventure, le besoin de s'évader et de faire sans cesse autre chose ne leur laissaient guère de répit. Soir après soir, sans destination précise, ils prenaient la voiture de Philip et ils roulaient.

Seulement pour le plaisir de rouler et de rencontrer d'autres gens. On allait chez quelqu'un, on reprenait la route, on fumait. Dans ces cas-là, on fumait surtout. On allait triper quelque part et on se retrouvait dans toutes sortes de situations... La moitié du temps on connaissait les gens, autrement on ne les avait jamais vus. Comme ça, pour le seul plaisir de rouler.

Los Angeles, 1968.

Nous allions souvent au centre ville de Los Angeles. Voir des strip-teases, qui étaient pas mal à l'époque. Ou bien on allait au cinéma. « Trois succès pour 50 cents » ; on a vu plein de classiques pour ce prix-là. On flânait, on traînait dans le centre ville.

On évitait les flics comme la peste. Mais en suivant le conseil de Dylan : « Si tu vis hors de la loi, reste franc et honnête. » Quoi qu'on fasse, on agissait ouvertement, franchement, on ne le criait pas sur les toits, mais on ne se cachait pas non plus. Alors laisse-nous tranquilles. T'as rien à faire avec nous, t'as rien à nous reprocher, on dérange pas les braves gens, alors fous-nous la paix.

UNE RACLÉE

Tous les trois, Jim, Felix *(un autre confrère du département de cinéma)* et moi, on était pas mal dingues. Trop, en fait. Et ça devenait difficile pour les Doors, ils ne pouvaient pas vraiment répéter. Jim préférait se défoncer. En tout cas, un jour, Felix, Jim et moi on a décidé d'aller dans le désert pour triper, rencontrer des Indiens et bouffer du peyotl. C'était juste après le jour de l'an, c'est-à-dire courant janvier 66.

Felix avait apporté du Sandoz et voulait en prendre tout de suite. Ça ne faisait pas mon affaire, je ne voulais pas en prendre tout de suite. Je voulais d'abord qu'on arrive à l'endroit où on devait se rendre. Alors on a loué une chambre, quelque part près de la frontière de l'État. Felix a sorti l'acide, on est allés se promener le long d'une ravine et, là, je les ai perdus de vue.

Mais avant ça, dans le motel, juste avant de partir, Jim a sorti un chèque de sa poche et l'a brûlé avec une allumette. Sans nous dire un mot. On était très intrigués par ce qu'il faisait. Il tenait le chèque pour le faire flamber, en le tournant avec ses doigts, jusqu'à ce qu'il n'en reste plus rien, de cette façon lente qu'il avait de faire les choses. C'était un chèque, point, c'est tout ce que je peux dire. Mais j'affirme qu'il venait de ses parents. Je pense que c'était un authentique rejet, pour lui, de faire ça. Tu te souviens que son père commandait un porte-avions, et l'épisode dont je parle avait lieu en pleine guerre du Viêt-nam.

Donc... en tout cas, nous nous sommes séparés près de Neddles, en Californie. Je suis allé en Arizona et ils sont retournés à Los Angeles. Ils ont fait du stop. L'année suivante, à New York, Jim m'a raconté qu'ils avaient reçu une raclée sur le chemin du retour. Des *rednecks* leur ont cassé la gueule. Je n'ai jamais revu Felix. Il est mort un an avant Jim.

THE END

Philip fut absent plusieurs mois. Il vécut d'abord en Arizona, puis au Mexique, à la Nouvelle-Orléans et à New York. De retour à Los Angeles, les nouvelles étaient bonnes.

Quelqu'un m'a dit : « Les Doors jouent au London Fog ; il faut que tu ailles les entendre. » J'y ai songé un moment, et puis finalement j'ai décidé de ne pas y aller. La chose promettait d'être agréable, j'aurais eu plaisir à revoir Jim, mais la séparation dans le désert avait vraiment signifié la fin. C'était vraiment ça.

J'avais donc pris mon parti et je ne suis pas allé au spectacle. Ensuite, j'ai quitté Los Angeles pour New York. Tu connais les paroles de la chanson : « La fin des nuits où nous tentions de mourir. J'ai dû te laisser aller, tu ne voulais pas me suivre. » *(Sur le disque, les paroles sont : « C'est dur de te laisser aller, mais jamais tu ne me suivras. » NdT.)* Lorsque les Doors sont venus à New York,

Les Doors en spectacle à The Scene, le 27 juin 1967, à New York.

durant l'hiver 1967, j'ai interrogé Jim à propos de cette chanson, *The End* ; je lui ai demandé quand il l'avait écrite. Il a souri, tu sais, comme il faisait souvent, et il a dit : « Oh, à peu près à l'époque où tu es parti pour New York. »

Bien entendu, généralement, les amis se suivent. L'un va quelque part, l'autre l'accompagne, et ainsi de suite, à tour de rôle ; les choses se passent souvent comme ça. Mais je ne pouvais pas entrer dans son trip. Et il ne pouvait pas entrer dans le mien, parce qu'il avait ce travail à faire. Sur sa musique. D'ailleurs, il est préférable que je n'aie pas été là pour le distraire. Alors c'est bien ce qu'exprime cet adieu.

Jim en 1968, avant de monter dans un avion.

À New York, nous avions raté l'avion qui devait nous emmener à Saratoga Springs pour un concert. Bill se débrouilla pour en affréter un autre pour Jim et l'équipe de tournage. De gauche à droite : un chauffeur de taxi, Paul Ferrara, un employé de l'aéroport, Jim, John DeBella et Bill Siddons.

35A
36

Maîtrise du chaos

Il voulait tout pousser jusqu'au bout. Comme quand il marchait au bord des corniches. Il voulait voir jusqu'où allait le bout.

Plus de vingt ans avaient passé depuis ma dernière rencontre avec January. D'abord je n'ai pas reconnu l'homme amène et souriant qui a ouvert la porte de sa maison, située sur une colline de l'autre côté de la baie de San Francisco, mais lorsqu'il a prononcé mon nom, j'ai tout de suite su à sa voix profonde, assurée, un brin distinguée, à qui j'avais affaire et que January, dans le fond, n'avait pas du tout changé.

January est un homme extrêmement spontané, sans la moindre prétention. À le voir, on comprend que Jim s'en soit fait un ami. Ils étaient l'un et l'autre d'intrépides risque-tout, aimant les sensations fortes, les mots, les femmes, la bonne bouffe, l'alcool et rigoler. Ils souhaitaient redevenir les gamins qu'ils avaient été et ils découvrirent que l'esprit, que la liberté des années 60 leur permettaient presque toutes les audaces.

Passé maître en plusieurs domaines, à la fois cuisinier, menuisier, dessinateur de mode et bijoutier, January était déjà un entrepreneur à succès, aux cheveux longs de surcroît, lorsqu'il entra dans la vie de Jim.

January Jansen, 1968.
Page de gauche : Jim au Hollywood Bowl, en 1968.

Nous nous sommes rencontrés dans un bar qui donnait sur la plage de Santa Monica, à la fin de l'été où il a terminé ses études, en 1965. Il y avait un tas de marins dans le bar, Jim était assis là et, tout comme moi, buvait des petits verres de tequila. On s'est regardés et on s'est salués. Le genre qu'on avait l'un et l'autre a dû nous rassurer, j'imagine, parce qu'il n'y avait que des crânes rasés à cet endroit-là.

Il avait cet air de petit gars malicieux, ignorant le péché et méditant sans cesse un mauvais coup, qu'il a gardé toute sa vie. Il était toujours très poli, un vrai gentleman dans un sens, mais aussi, comme il l'a dit lui-même plus tard, ce qui l'intéressait vraiment c'était l'état de désordre, ou de chaos, plus ou moins dirigé.

Il a dit : « Allons-nous en d'ici, voir si on trouverait pas des chairs plus tendres ailleurs. » Il m'a raconté qu'il avait écrit des poèmes, qu'il songeait à

en faire des chansons et à jouer de la musique. Ni lui ni moi n'habitions un endroit précis ; on traînait à gauche et à droite, couchant quelques nuits ici, quelques nuits ailleurs.

JEKYLL & HIDE

Une fois, on a fait un voyage ensemble. Nous sommes partis de l'endroit où j'habitais en ville, on a pris l'autoroute n° 1 et on a traversé Big Sur. Jim écrivait des poèmes durant le trajet. C'est de cette virée-là que viennent les vers : « *The mansion is warm at the top of the hill...* »

Nichée dans les hauteurs, la villa semble chaude
Riches y sont les chambres et les réconforts
Rouges y sont les bras des fauteuils luxuriants
Et tu n'en sauras rien avant d'y entrer.

(tiré de « Not to Touch the Earth »)

Il a écrit ça dans son carnet quand on est passés devant le domaine des Hearst. Et chaque fois qu'on croisait un garage, un motel ou un restaurant, il fallait s'arrêter pour que Jim appelle Pamela et lui récite ce qu'il venait d'écrire. Paul et Babe, qui étaient là, disaient : « Il est très atteint. Il l'a vraiment dans la peau. » Lui n'aurait jamais reconnu ça.

Nous avons descendu la côte jusqu'à la roulotte d'un de mes amis, à Lime Kiln Canyon. On déconnait pas mal et, tout à coup, une chanson de Jim est passée à la radio. « The Crystal Ship ». Ça ne lui a pas plu sur le coup. En fait, cette chanson l'agaçait chaque fois qu'il l'entendait à la radio. Il disait : « Mais pourquoi passent-ils ça maintenant, à ce moment précis ? » Quelle que soit l'heure du jour ou de la nuit, c'était jamais le bon moment. Ça le gênait d'entendre sa voix. Une sorte de timidité le prenait comme ça, de temps à autre.

Et puis il s'est mis à tourner sur lui-même – il était tout à fait comme Jekyll et Hide –, il s'est mis à tournoyer jusqu'aux transes et la roulotte a basculé. Elle a quitté les blocs de ciment où elle était posée. C'était une roulotte à deux roues, appuyée sur des parpaings, elle s'est inclinée. Une soirée plutôt marrante.

Nous sommes repartis le lendemain matin, et on a continué à descendre la côte. Et encore là, devant chaque garage, chaque motel, chaque épicerie, partout où il y avait un téléphone public, il fallait qu'on s'arrête et que Jim appelle Pamela pour lui lire les nouveaux vers tirés de son carnet.

Page de gauche : Jim sur scène, à Columbia, au Maryland, en août 1968.

LÉZARDS & SERPENTS

Je me suis mis à faire ses vêtements. Il voulait du cuir, mais il n'aimait pas ce qu'il y avait sur le marché. Ça ressemblait à... comment disait-il ? « On dirait du linoléum », voilà. La plupart des vêtements de cuir, à cette époque-là, avaient effectivement l'air d'être en linoléum et Jim voulait quelque chose qui le ferait ressembler à un lézard et à un cow-boy.

En 1966 et 1967, Jim et January passaient souvent pour des frères.

Ce qui était bien dans le fait de fabriquer ses vêtements, c'est que je n'avais pas besoin de prendre ses mesures, ou de faire des essayages. Si ça m'allait, ça lui allait. Jusqu'au moment où il a commencé à boire pas mal plus que moi, et où il a fallu que je procède à certains ajustements.

Un jour qu'on marchait sur Santa Monica Boulevard, il m'a dit : « Tu sais, j'aimerais bien avoir un costume en serpent. » Ce qui allait avec sa curiosité et sa fascination pour les lézards, les serpents, j'imagine. Je lui ai dit : « Je peux t'en faire un. » Il a répondu : « Ah oui ? Parfait. » Alors je lui ai fait un costume en peau de serpent. Et à partir de là, durant un certain nombre d'années, j'ai été condamné à raccommoder la chose.

J'ai fait tout ce qui était en cuir noir. Et j'étais toujours en train de rafistoler les pantalons de serpent, soit qu'ils avaient un problème ici, un accroc là, soit que Jim était tombé dans l'eau, sur la plage. J'ai fait des chemises en lin aussi, et d'autres en velours avec des broderies.

Ci-dessus : L'un des pantalons confectionnés par January.

PRESTATIONS

Je me souviens d'un soir au Fillmore West, qu'on n'appelait pas encore le Fillmore West, vu qu'il n'y en avait qu'un, c'était le premier Fillmore. À l'époque où les Doors jouaient deux sets le même soir. Et alors Jim... se trouvait dans un état, non pas causé par la drogue, ou par l'alcool, c'était Jim, avec son énergie à lui, son intensité, Jim suivant une idée bien précise qu'il voulait communiquer à la foule. Ça allait au-delà de la musique. Alors il tournait sur lui-même, il virevoltait en retenant le fil de son micro. Il le faisait tourner de plus en plus vite. Et, à force de faire ça, il a obtenu une sorte de souffle électronique des amplis, un *oushhh*, tu vois. Un son étrange qui était justement celui qu'il avait voulu produire à ce moment-là. Il s'est retourné, il a tournoyé, et il est tombé dans la rampe d'éclairage. Les spots ont éclaté, explosé, avec des étincelles. Et lorsqu'il est remonté sur scène, il n'avait plus de chemise. Une gamine était partie avec. Alors j'ai retiré ma veste, je lui ai donné ma chemise et j'ai remis ma veste.

Ses prestations étaient beaucoup plus intenses que ce à quoi le public s'attendait ; dans l'ensemble, les spectateurs repartaient ébahis, comme des enfants-fleurs aux yeux écarquillés. Certains avaient un air stupéfait et d'autres s'en retournaient sans avoir compris ce qu'ils venaient d'entendre, ou ce qu'on leur avait demandé. Parce que les gens... c'était pas tellement la musique qui les frappait. C'était plutôt ce que Jim leur demandait.

Il leur demandait de le suivre dans un périple. De se joindre à lui et d'être libres. De se joindre à lui, de s'exalter, et de courir avec lui. De tout chambouler autour.

Jim et January discutent le coup avec des fans avant un concert à San Jose, en Californie, en 1968.

Jim ne savait trop que faire de son succès, de sa popularité, tous ces gens qui s'accrochaient à lui, ça l'embarrassait. Et la cause de ça – il n'y avait pas d'autre raison –, c'était parce qu'il n'arrivait pas à savoir de quelle nature était l'admiration qu'on lui manifestait. Était-ce vraiment sincère, les gens faisaient-ils ça parce qu'ils l'estimaient vraiment, parce qu'ils aimaient vraiment la poésie et le message qu'il leur offrait, ou n'était-ce que des manifestations de groupies autour d'une vedette, ce qui était courant à l'époque et faisait partie de l'ambiance de ces années-là ?

Oui, cette popularité le gênait. D'une part, il savait qu'il ne parvenait pas à se faire comprendre des gens comme il l'aurait souhaité et, d'autre part, il savait qu'il médusait tout le monde avec ce statut de vedette. Ça le gênait beaucoup, il n'était pas du tout à son aise avec ça.

Sur scène, dans le costume de serpent, 1968.

QU'EST-CE QU'ILS VEULENT ¿

Parfois il doutait. Il cherchait sans cesse à rejoindre les gens. Je sais qu'au fil des années, à travers la musique... comment dire, il était toujours sur le point de demander : « Qu'est-ce qu'ils veulent ? Qu'est-ce qu'ils réclament ? » Et à mesure que les foules augmentaient en nombre, il a fini par ne plus savoir ce que les gens attendaient de lui. Que faire pour les contenter ? C'était trop de pression. Les fans de n'importe quel groupe de rock, lorsqu'ils paient pour assister à un concert, veulent entendre ce qu'ils connaissent déjà sur disque. Jim essayait de leur faire comprendre qu'il avait dépassé ça. Il voulait surtout leur communiquer ses nouvelles idées, les nouvelles chansons, les nouveaux poèmes. C'était davantage une idée que simplement de la musique.

Il cherchait vraiment dans ce sens. Parce qu'à un certain moment, ça s'est mis à dépasser le simple divertissement, cette affaire-là. C'était un

enthousiasme général. C'était une époque agitée, pleine de changements politiques... il se voyait parfois comme le catalyseur de tout ça. Et après, il retournait la chose et disait que c'était *eux*, les jeunes, qui étaient les catalyseurs, que c'était le public qui le poussait dans de nouvelles directions, vers de nouvelles idées.

SPONTANÉITÉ PROGRAMMÉE, MAÎTRISE DU CHAOS

Il tendait la perche aux gens et il se jouait d'eux. Non pas par malveillance ou de façon agressive. Ça faisait partie de son humour, de ses manières d'enfant joueur, impertinent. Il aimait provoquer des crises de spontanéité et créer des situations de désordre plus ou moins dirigé. Jongler avec tout ça.

Il ne se servait pas vraiment de la violence pour y parvenir. À son sens, elle n'était pas véritablement un moyen, ni un outil. Elle était présente, mais même quand Jim se mettait dans des états seconds, la violence restait plus ou moins une chose dont il parlait, qu'il criait, vers laquelle il tendait sans doute aussi, mais sans qu'il l'utilise véritablement. C'était plutôt une sorte de perversité, non pas mauvaise ou maligne, une insolence, une espièglerie, je dirais.

Nous luttions tous contre l'autorité, ou Jim luttait contre cette autorité qui concrétisait à nos yeux toutes les autres choses. Elle ne les rendait pas justes, elle les rendait concrètes seulement.

Document publicitaire annonçant le Magic Musical Festival de Devonshire Meadows, en Californie, où les Doors jouèrent, en juillet 1967 (à gauche).

PUDEUR ENFANTINE

Je me souviens de la première fois où Morrison et Jagger se sont rencontrés. Les Doors devaient jouer au Hollywood Bowl. Jim et moi étions de l'autre côté de la rue, au motel, à l'*Alta Cienega*. Les gens du bureau nous ont téléphoné. Ils étaient en état de panique. « Jagger est ici. Il va vous voir. » J'ai dit à Jim : « Ah, Jagger est de l'autre côté de la rue. Il arrive. » Et Jim a répondu : « Mais c'est très bien. »

Alors on frappe à la porte, très légèrement. Toc, toc, toc. Jim me fait signe de la tête et j'ouvre. Jagger dit : « Bonjour, je m'appelle Mick. » Alors moi : « Et comment ! » C'était... Oh ! On sentait l'énergie circuler.

Et puis Mick est entré.

*Pour Jim, qui avait couché sur les toits et sur le plancher des appartements de ses amis, l'*Alta Cienega *représentait peut-être un gîte de luxe, mais c'était en vérité un vieux motel minable, au coin d'une rue bruyante. Aux tarifs très, très modiques. Quelle fut la réaction de Mick ?*

Il a pris ses aises. Ça ne lui posait aucun problème. En fait, les lieux correspondaient à ce qu'il avait pu imaginer, puisque le motel se trouvait juste en face du bureau des Doors, de l'autre côté de la rue. Non, vraiment, il ne s'est pas mis à tout inspecter, en disant : qu'est-ce que c'est que ce trou à rats, ou quoi. Pas du tout.

Mick a demandé à Jim s'il méditait avant de monter sur scène. Jim l'a regardé avec son air d'enfant perplexe. « Méditer ? » Comme s'il n'avait jamais lu ce mot-là.

Puis il a ajouté : « Non, on laisse ça à John et à Robbie. »

Méditer... Imagine. Morrison en cuir noir, bref...

Ils ont parlé de danse sur scène. Jagger se posait des questions sur sa manière de danser. Il a dit que danser était la seule chose qu'il ne savait pas faire.

Ils ont parlé du fait qu'il devenait de plus en plus difficile de se sentir à l'aise et suffisamment détendu pour danser en spectacle, parce que plus les foules et les salles augmentaient en nombre et en superficie, moins ils parvenaient à établir un contact avec le public. Ils devaient tout exagérer. Lorsqu'on tombait, il fallait vraiment se jeter par terre.

Ils ont fait des blagues sur le caractère démesuré que prenaient les choses. Ils avaient grandi l'un et l'autre en regardant les vedettes de cinéma, en rêvant à la vie des cow-boys, et voilà que tout à coup ils se retrouvaient, eux, au centre de la scène. Ils partageaient une sorte de pudeur enfantine à cet égard, très sensible encore. Il était très évident que chacun avait du respect pour le talent de l'autre.

OTIS

Des concerts de Noël étaient prévus au Winterland, à San Francisco, trois soirs de suite, à partir du 26 décembre 1967. Otis Redding devait en être la vedette principale et les Doors figuraient au même programme. Jim idolâtrait Otis. Le 10 décembre, Otis mourut dans un accident d'avion. La nouvelle nous a été communiquée par les responsables du bureau de Bill Graham, qui ne savaient plus quoi faire. Ils se demandaient si on voulait annuler le spectacle, ou quoi.

Jim a proposé de faire le concert en hommage à Otis, et le nom des Doors a rempli l'affiche. Pour l'occasion, j'ai confectionné une nouvelle chemise de velours noir, avec des cobras en deux tons de gris, brodés sur la manche gauche. Uniquement sur la gauche, qui est plus proche du cœur. De plus, c'était une référence aux Indiens d'Amérique. La main gauche va directement du cœur à l'esprit.

Jim a demandé qu'on lui apporte des roses, je n'en revenais pas, mais il voulait des roses rouges, rouge sang, pas une couleur sentimentale, des roses rouge sang. C'était sa façon de rendre hommage à Otis Redding.

Ce soir-là, le fournisseur le plus connu en ville s'est pointé au concert avec un lot d'acide tout neuf. Il en avait gavé tout le monde dans la salle. Il est allé trouver Jim et lui a donné de l'acide, du *speed,* et j'ai confisqué le tout. « On a un show à faire. » Après, Bill Graham est venu me voir et m'a demandé si Jim était sur l'acide. Je lui ai répondu : « Non », en lui montrant les pilules interceptées.

Donc, Jim monte sur scène avec deux douzaines de roses rouges à longues tiges dans les bras. C'était plutôt incongru. Morrison, la comète noire du rock, debout sur scène avec deux douzaines de roses rouges. Il va jusqu'au bord, tout juste au bord de la scène. Une autre de ces bordures qu'il longeait pour tenter le sort et voir jusqu'où il pouvait se risquer. La musique commence, il s'arrête et dit : « Pauvre Otis mort envolé / il m'a laissé là pour chanter sa chanson / Jolie petite fille dans sa tenue rouge / Pauvre Otis mort envolé. » Puis il lance les fleurs dans la foule et attaque « When the Music's Over ».

LES LIMITES ET LES BORDS

Pourquoi Jim sentait-il ce besoin de pousser tout à l'extrême ?

Il voulait tout pousser jusqu'au bout. Comme quand il marchait au bord des corniches. Il voulait voir jusqu'où allait le bout. Tu sais, c'est comme de grimper sur la branche d'un arbre, et avancer, avancer. Il savait qu'une fois passé le point d'appui – qu'arrive-t-il ? Il voulait voir ce qui se produirait après, sans tenir compte du secours que peut apporter la branche du dessous. Mais le sort était avec lui.

Déambulation au bord de la scène, 1968.

Gibson

À LA PÉRIPHÉRIE DES CHOSES

January, tout comme Philip, connaissait fort bien les zones et autres sphères psychédéliques. Si loin que le trip les portait, Jim pouvait compter sur lui pour les ramener sur la terre ferme.

Quand Jim se défonçait, il ne favorisait pas une drogue plus qu'une autre, il essayait un peu tout. À l'exemple d'un enfant à qui on l'aurait défendu et qui s'amuse avec des allumettes.

Franchement, lorsqu'on a pris de la dope ensemble, il y avait toujours une raison, il ne faisait jamais ça de façon inconsidérée. Ce n'était pas une fuite pour lui... il voyait plutôt ça comme une sorte d'instrument de recherche, et il espérait trouver quelque chose de neuf, de différent.

Je me rappelle qu'après le concert au Hollywood Bowl *(le 5 juillet 1968)*, on est revenus au bureau pour faire la fête toute la nuit. Ensuite, hum... il devait bien être cinq ou six heures du matin, on a traversé la rue et on a réintégré les chambres qu'on louait à l'*Alta Cienega*. Alors Jim me demande : « As-tu apporté ce que je t'ai demandé ? » Il m'avait téléphoné à San Francisco pour que je rapporte de la mescaline, il savait que je pouvais en avoir.

On a vidé dix-sept capsules de mescaline en cristaux de sulfite dans un demi-litre de jus d'orange et dix-sept caps des mêmes cristaux de sulfite dans une autre demi-litre. Il a bu une des bouteilles et j'ai bu la seconde. Nous avions notre compte. En fait, trois jours plus tard, on hallucinait encore.

Donc nous voilà complètement givrés à la périphérie des choses. Et dansant à la périphérie, après avoir fait le plein de mescaline. On se glissait dans les objets, on s'infiltrait, on se coulait dedans et on en ressortait. Trois jours après, on hallucinait encore. Une amie de Jim est arrivée et a proposé de faire un tour en décapotable. Nous sommes montés dans la voiture et on a roulé vers le canyon de Topanga. C'était pas vraiment la joie. Jim et moi avons passé le trajet accrochés à la banquette pour ne pas nous envoler. On s'est retrouvés chez un ami de cette fille et, tout à coup, j'ai eu envie de vomir. Ce que j'ai fait. Et j'ai craché du sang. Clair et bien rouge. Mais beaucoup, il y en avait d'ici jusqu'où tu es assis. Je commençais à paniquer. Et Jim a dit : « Tout va bien. Tu avais juste trop de sang. »

Ci-dessus : Jim dansant sur scène. Page de gauche : Dans les loges, après un concert au Community Theater de Berkeley, en novembre 1967.

Hum... ça a un peu rétabli les choses. Ensuite tout est revenu à la normale. On est retournés au motel et on a tripé deux autres jours. Imagine, ça faisait cinq jours que le concert avait eu lieu et je montais encore. Jim me regardait. Il était assis de l'autre côté de la pièce, il ne disait rien et, soudain, on avait ensemble une incroyable conversation muette. Il me regardait et, tout à coup, il faisait : « Eh, ho. » Alors je pensais à reprendre mon souffle, à respirer. Ensuite je le regardais et je faisais pareil. Chacun remerciait l'autre, le fait de respirer nous semblait la chose la moins importante au monde.

Au soir du cinquième jour, j'ai appelé un taxi pour me rendre à LAX, l'aéroport, il fallait que je rentre à San Francisco pour régler des affaires. La porte automatique s'est ouverte, je suis entré dans l'aérogare, j'ai fait demi-tour et suis ressorti par l'autre porte. Rentré directement au motel. Impossible d'aller plus loin.

LA POÉSIE

La plupart des gens l'ignorent, mais il faut leur dire que par-dessus tout ça, au-delà de toute la merde et au-delà de toute la rigolade, Jim était sans doute un des êtres les plus sensibles et intelligents que j'ai jamais connus. Il était vraiment très intelligent. Et très cultivé.

Il avait soif de savoir et portait toujours un livre sur lui. Et toujours un carnet. C'était pas des poèmes au sens strict. Il appelait ça des « notes ». Ses notes étaient sa poésie. Il notait des pensées, des mots, à mesure que ça venait.

Il y a un truc que Jim ne parvenait pas à faire et qui le contrariait plus que tout : il aurait voulu que les gens le reconnaissent en tant que poète. Mais quand tu fais partie d'un groupe de rock, il est pas question que les gens te prennent pour un poète, même si tes chansons sont bel et bien des poèmes. Le public ne te considérera jamais comme un poète.

BIFURQUER

Document publicitaire annonçant un concert au Shrine Auditorium de Los Angeles, en décembre 1967.

Parfois, il m'appelait et c'était comme si... Il faisait : « Ahhhhh. » Alors je lui demandais : « Qu'est-ce qui va pas ? Tu es fatigué ? » Et il répondait : « Non. Marre, plutôt. Je ne sais pas trop quoi faire, où aller. » « Qu'est-ce que tu veux dire par : où aller ? » Et il disait : « Ben... » Il voulait dire, quelle direction prendre, vers quoi bifurquer.

C'est comme la fois où il m'a tendu deux liasses de feuilles volantes. On était au motel, à l'*Alta Cienega*, et il me remet deux paquets de feuilles, des poèmes, en tirant la corbeille près du lit. Puis il me dit : « Prépare l'édition. » « Qu'est-ce que tu veux dire par là ? » « Mets ce que tu aimes ici. Et ce que tu n'aimes pas, jette-le au panier. »

Alors j'ai fait deux piles avec ce que j'aimais. Les poèmes qui se rattachaient au même thème, je les ai mis à gauche et ceux qui formaient un autre thème, je les ai mis à côté. Avec le reste, j'ai formé une troisième pile.

Il est revenu dans la pièce et, sans même regarder ce qu'il y avait dedans, il a pris la troisième pile, y a mis le feu et l'a jetée dans la corbeille. Je lui ai demandé ce qu'il faisait, et il a dit : « Tu ne les aimes pas ceux-là ? » J'ai répondu : « Non. » « Moi non plus. » « Mais tu ne sais même pas lesquels. » Et il a dit : « Oui, mais tu sais ce que je veux dire. » À ce moment-là, en effet, je me suis rendu compte que... je crois que je savais ce qu'il voulait exprimer.

L'imprévisible

Il n'avait absolument aucun respect pour l'autorité et prenait souvent des risques inutiles pour provoquer ceux qui la représentaient.

Rich Linnel et Bill Siddons sont de proches amis depuis qu'ils se sont rencontrés au collège. Ayant eu l'un et l'autre l'âge idéal au bon moment et au bon endroit, ils se débrouillèrent pour créer leur emploi dans l'industrie du rock and roll alors en pleine expansion. Bill devint le manager de groupes comme les Doors, et Rich se fit producteur de spectacles et manager d'artistes.

RICH : Je suis né à Los Angeles, j'y ai grandi, et j'ai fréquenté l'école de San Diego, où je me suis lié d'amitié avec Ronny, le frère jumeau de Robbie Krieger. Au début de 1967, Ronny... attends, je pense qu'il avait quitté l'école un an avant moi. Mais on était restés amis. Je peux pas dire qu'on avait été recalés à proprement parler, mais en tout cas l'école n'était vraiment pas notre truc. En même temps, étant donné que la conscription tournait à plein régime à l'époque, il était capital, pour nous, de rester à l'école le plus longtemps possible pour différer le service militaire.

C'était une époque exaltante et pleine d'espoir, c'était vraiment le moment d'avoir dix-neuf ans. Le mouvement hippie prenait de l'ampleur, le Sunset Strip était l'endroit où les choses se passaient, alors on se tenait là, on remontait et on redescendait la rue en auto, on essayait de rencontrer des filles. On n'y arrivait jamais. Et Ronny voulait absolument que j'aille voir le groupe de son frère.

Un jour, Ronny Krieger réussit à convaincre Rich d'assister à un spectacle des Doors.

RICH : Un jour, finalement, Ronny et moi sommes allés chez Jim et Pam, dans le Laurel Canyon – la maison est toujours là, en face du marché. On devait les emmener au concert en voiture. Les Doors jouaient au *Ciro's* ce soir-là *(en avril 1967)* et je ne savais encore rien de ce groupe.

Ci-dessus : Rich Linnel, 1969.
Page de gauche : Jim en plein vol à la Foire musicale de Westbury, au Connecticut, en avril 1968.

En montant l'escalier, Ronny se tourne vers moi et dit : « Reste plutôt calme, cool, il n'aime pas qu'on fasse trop de bruit. » Alors moi : « O.K., pas de problème. » Nous sommes entrés et on a fait les présentations : « Bonjour, je te présente Rich, Jim, Pam, salut, comment allez-vous ? » Ce sont les seuls mots qu'on a prononcés durant vingt bonnes minutes, jusqu'à ce que Pam et Jim soient prêts. Ensuite on est montés dans l'auto, on a descendu la colline et, encore là, pas un mot. Je ne voulais rien dire. J'étais le nouveau venu. Je m'en tenais à ce que Ronny faisait.

On les a déposés, ils sont entrés par la porte arrière et nous par celle de devant. On s'est assis par terre, devant la scène et, vingt minutes après, le groupe a commencé à jouer. Alors j'ai vu ce gars qui, jusque-là, avait été plutôt... le mot « calme » serait un euphémisme, ce gars qui, tout à coup, se lance dans un jeu incroyablement théâtral. Il hurlait, criait, il roulait partout, je n'en revenais tout simplement pas. À partir de là, j'ai été pris, je suis devenu un fan. Inconditionnel.

Après quelque temps, Rich et Ronny commencèrent à s'occuper du transport des amplificateurs du groupe et de leur installation, pour la simple raison, raconte Rich, « qu'il n'y avait personne d'autre pour le faire ».

C'est pas qu'on était particulièrement passionnés par ce travail-là, mais on pensait qu'on allait rigoler, rencontrer des filles, tout ce genre de truc.

Quelques mois plus tard, il a fallu se rendre à San Francisco. J'ai appelé mon vieil ami Bill Siddons et je lui ai demandé : « Bill, veux-tu venir avec nous à San Francisco ? On doit emporter le matériel des Doors. » Et il est venu.

COMPLÈTEMENT TERRIFIÉ

BILL : J'ai été élevé à San Gabriel Valley, un quartier plutôt modeste. Ma famille a déménagé à Hermosa Beach durant mon adolescence. À partir de ce moment-là, je me suis mis à faire du surf. En fait, c'est mon grand ami, Rich Linnel, qui m'a vraiment appris à pratiquer le surf. On s'était rencontrés dans un bus qui nous emmenait à une compétition de natation organisée par l'école et, au retour, on était devenus les meilleurs amis du monde, on l'est toujours.

En 1965, j'ai terminé mes études secondaires et je suis entré à l'université de Californie, campus de Long Beach. Lorsque Rich a commencé à s'occuper du matériel des Doors, il m'a parlé d'eux, mais ça ne m'intéressait pas des masses. Je ne savais rien des Doors, ils n'avaient encore aucun hit à l'époque. Quand Rich m'a proposé de faire le voyage à San Francisco, j'ai dit : « O.K., allons-y. »

Bill Siddons prêt à prendre le taureau par les cornes, 1970.

Jim en avion avant un concert, en août 1968.

Nous nous sommes donc retrouvés assis dans la foule, au Avalon Ballroom *(le 12 mai 1967)*, en train de regarder ce dément. De ce jour-là, je ne me rappelle que de Jim sur scène. Juste avant, je n'avais pas été autrement impressionné de faire sa connaissance, mais lorsque je l'ai vu sur scène, j'ai été beaucoup plus accroché, transporté et troublé que je ne l'avais jamais été dans des circonstances semblables.

Je me disais : « QUOI ? Qu'est-ce qu'il dit ? Qu'est-ce qu'il fait ? Je saisis pas. » Quand il s'est mis à réciter « Moment difficile / Et le premier animal est jeté par-dessus bord / Ses pattes ruent furieusement / Leur rigide galop vert » (extrait de « Horse Latitudes »), j'ai pensé : « Ce type-là est complètement malade. » Mais en même temps j'étais transporté par ce qu'il disait, je sentais vraiment ces choses. Pour la première fois, la poésie devenait une sorte de film pour moi, les images étaient si fortes qu'elles se présentaient à l'esprit comme des photos. Je voyais les chevaux tombant du navire, je les voyais se noyer.

Alors, pour résumer ma première impression, je dirais que Jim m'a complètement terrifié.

MAÎTRISER SON AVENIR

BILL : Le jour de ce concert à San Francisco, Robbie m'a vu monter l'escalier avec un ampli au bout de chaque bras, tandis que Rich et Ronny, derrière moi, n'en transportaient qu'un seul à eux deux. Il a vite fait le calcul : c'est du quatre pour un, engagez-moi ce mec-là.

Alors j'ai fait le tour du pays, comme employé des Doors, durant l'été 1967. « Light My Fire » est sorti en avril 1967, et lorsque j'ai commencé à travailler pour le groupe, en mai, la chanson commençait à avoir de plus en plus de succès. J'avais dix-huit, dix-neuf ans. Je n'assistais pas aux réunions. Je ne pouvais pas aller dans les bars avec eux, j'étais trop jeune. Mais on m'avait appris à respecter le travail à fond et à m'investir entièrement dans ce que je m'engageais à faire. Si je promettais de faire une chose, quelle qu'elle soit, je la faisais.

À la mi-janvier 1968, les Doors rachetèrent le contrat qui les liait à deux hommes d'affaires de Los Angeles, qui avaient été jusque-là leurs imprésarios. Robbie demanda à Bill : « Aimerais-tu devenir notre manager ? » Bill répondit : « En quoi ça consiste ? » Et Robbie d'expliquer : « On répond au téléphone, on assiste aux réunions, on décide ce qu'il y a à faire. »

Pourquoi un groupe de rock, dont une chanson est numéro 1 et dont l'album se vend à un million d'exemplaires, engage-t-il comme manager un collégien de dix-neuf ans passionné de surf ?

BILL : C'était folie pure de m'engager. J'avais aucune idée de ce que je devais faire. Eux, de leur côté, voulaient maîtriser leur avenir. Ils avaient découvert très vite qu'un tas de gens autour d'eux étaient conduits par des mobiles radicalement différents des leurs.

RICH : On était à Phoenix, en Arizona, en février 1968. À cause d'une alerte à la bombe, tout le monde avait dû évacuer l'immeuble. On avait donc trois bons quarts d'heure à attendre. Jim a commencé à me poser des questions : « Alors Rich, qu'est-ce que tu fais ? Je vois que tu traînes avec nous, mais qu'est-ce que tu fous au juste ? » J'avais organisé mon premier concert peu de temps avant, celui-ci était le second, alors j'ai répondu : « Eh bien, je produis ces concerts. » Il me demande : « Qu'est-ce que t'entends

Ci-contre :
Des flics en uniforme patrouillaient dans la plupart des salles où les Doors se produisaient.

Page de gauche :
Jim au Fillmore East, à New York, le 9 septembre 1967.

par “produire des concerts” ? » « Eh bien, on loue la salle, on rassemble le matériel, on fait la publicité, on vend des billets. Et s'il vient assez de monde, on gagne du fric, autrement, on en perd. » Il a eu cet air qu'on lui connaît et il a dit : « Oh, alors tu fais ça. »

On a discuté un moment et il semblait très impressionné par le fait qu'un type de mon âge soit capable de faire ça. Il m'a demandé : « Tu veux dire qu'on peut faire ça nous-mêmes ? On n'a pas besoin d'embaucher tous ces gens-là ? Il n'est pas nécessaire que des gens nous disent ce qu'on doit faire ici et là ? » Alors moi : « Oui, c'est ça. » Et il a dit : « Oh, génial. J'aime ça. »

Ça l'impressionnait qu'on puisse diriger seuls notre destinée. C'était un truc important pour lui. Et il estimait important qu'il y ait des gens autour de lui pour lui faciliter les choses et lui permettre de conduire sa barque comme il voulait. Le fait que je m'occupe d'un truc, que Bill Siddons en fasse un autre et qu'on soit plus jeunes que lui, c'était comme... Cette idée lui plaisait.

S'OPPOSER À L'AUTORITÉ

BILL : Une des caractéristiques qui rendaient Jim particulièrement intéressant, c'est qu'il faisait toujours comme il voulait, il ne faisait pas ce que d'autres auraient voulu qu'il fasse. Alors il décidait de ne pas suivre tout le monde, de manière à choisir sa propre voie. Il faisait selon sa volonté.

Et l'une de ses grandes forces, c'était qu'il voyait clair en chacun de nous ; quel que soit le jeu qu'on jouait, il voyait au-delà. Il lisait dans les pensées de ceux avec qui il parlait.

Jim s'opposait apparemment à toute forme d'autorité, mais Bill, qui avait un boulot à remplir, devait parfois l'amener à faire ce qui était prévu.

BILL : En ce qui me concerne, il pouvait me dominer chaque fois qu'il avait envie de le faire. En même temps, il savait que je lui présentais la réalité telle qu'elle était. Je n'aurais pas pu l'obliger à faire tel ou tel truc, il m'écoutait parce qu'il savait que je lui disais la vérité. Dans un sens, il devait se dire : « Je ne veux pas causer d'ennuis à ce gars-là. » Et cette attitude lui plaisait. Alors il suivait le mouvement.

Je représentais peut-être pour lui une certaine autorité, mais pas celle du père. C'était lui le père. Toujours. Moi, j'étais comme le fils qui en sait un peu plus. On fonctionnait comme ça.

Jim me rappelait tout le temps que les règles n'étaient pas forcément bonnes parce qu'on en avait fait des règles. Depuis l'incident de New Haven jusqu'aux problèmes professionnels qu'on a connus ensuite, Jim fut toujours celui qui me fit comprendre les raisons qui avaient entraîné les événements. Et la nature réelle des conflits. Qui étaient ceux qui l'avaient cherché, en quoi les avait-il menacés. Sans lui, bien des choses m'auraient échappé. Je n'ai pas tout saisi, d'ailleurs. Il savait ce qui allait arriver, moi, je me rendais pas tellement compte de ce qui se passait. Trop occupé à faire mon boulot.

*Page de droite :
La veille de sa comparution à la cour de Phoenix, en Arizona, en 1969, Max Fink, l'avocat de Jim, l'emmena dans une boutique chic pour effectuer une transformation vestimentaire complète. Jim ne porta plus jamais ce costume par la suite.*

Jim provoque la foule tandis qu'un organisateur du concert tente de libérer sa jambe retenue par un fan. À Cleveland, en juillet 1968.

PROVOCATIONS ET DÉFIS

Sur la Côte Ouest, en 1967, les jeunes assistaient à de rapides et radicaux changements sociaux. En osmose avec les étudiants contestataires, les nouveaux groupes de rock marquaient le rythme des changements. Considérés comme les instigateurs de ce mouvement quasi révolutionnaire qui gagnait de plus en plus de jeunes, les groupes de rock se retrouvaient souvent en première ligne quand survenaient des heurts et des conflits avec l'ordre établi.

BILL : D'abord, il faut dire que dans sa quête d'authenticité, Jim était prêt à payer de sa personne. Bien souvent je l'ai vu faire des choses vraiment dangereuses pour sa santé.

Il provoquait justement les gens qui pouvaient lui attirer des ennuis. Il lui arrivait de s'engueuler avec un flic jusqu'à ce que le type veuille le faire taire à coups de matraque. Il était intrépide de bien des façons. Il n'avait pas pour son bien-être la même attention qu'il portait aux autres. Il n'avait absolument aucun respect pour l'autorité, et prenait souvent des risques inutiles pour provoquer ceux qui la représentaient.

Rétrospectivement, je considère Jim comme un type possédé par le besoin de provoquer. Il fallait toujours qu'il nargue quelqu'un ou défie quelque chose. Une fois, par exemple, on devait franchir les douanes à Toronto, au Canada. On en avait déjà passé bien d'autres ensemble, et les douaniers

s'étaient toujours montrés pointilleux, posant des questions stupides, pour faire sentir leur supériorité, et pour qu'on leur réponde par des : « Oui monsieur, non monsieur. » Là, tout à coup, Jim se met à quatre pattes et commence à japper en direction des douaniers. Alors je me dis : « Allons bon, comment vais-je faire passer les douanes à ce type-là s'il aboie comme un chien ? » Il avait senti la nécessité de faire cette démonstration-là. « Vous, les douaniers, vous nous traitez comme des chiens. Alors j'aboie. » Bien entendu, la plupart des personnes présentes n'ont pas compris pourquoi il faisait ça, je pense même que, sur le coup, je n'ai pas bien saisi non plus, sinon plus tard, avec le temps, en vieillissant un peu, après m'être demandé pourquoi il agissait ainsi.

À un certain moment, durant le concert de Cleveland, Jim sauta dans la foule et fut happé par elle. On distingue sa main qui tient le micro.

UNE ÉMEUTE

Les spectacles offraient à Jim autant d'occasions d'exercer son influence sur de vastes publics. C'était un moyen pour lui de mesurer le type de changement qu'il était capable de provoquer. D'un soir à l'autre, nul ne savait comment il allait s'y prendre, pas même lui.

RICH : Pour le résumer en un mot, je dirai qu'il était imprévisible. On ne savait jamais ce qu'il allait faire, ce qui ajoutait d'ailleurs à l'intérêt de tout spectacle des Doors. Il y a quand même un aspect regrettable là-dedans, c'est qu'on ne peut pas être imprévisible tout le temps. Au début, je me demandais ce qu'il allait inventer la prochaine fois qu'il se trouverait sur une scène. Certains soirs, il se tenait debout, tout simplement, en chantant dans le micro et, d'autres soirs, il devenait comme dingue. Ça dépendait beaucoup de ce qu'il ressentait sur le coup. Parfois, il avait envie de se laisser aller et, d'autres fois, non. Ça ajoutait au plaisir, il y avait toujours un facteur d'attente et toujours un point au-delà duquel tout pouvait arriver.

Je pense que Jim aimait que la foule soit près de lui. Quand c'était possible, on n'installait ni chaises ni fauteuils dans la salle, pour que le public puisse s'approcher davantage et circuler un peu autour de la scène. Alors il parlait avec tout le monde d'égal à égal, sans condescendance.

Ça lui a causé pas mal d'ennuis à Phoenix. C'était juste après l'élection de Richard Nixon, en 1968. Jim n'était pas vraiment enchanté par l'événement, et il a fait un petit laïus là-dessus : « Allons-nous encore supporter quatre ans cette merde ? On a eu notre compte, non ? » Alors, évidemment, la foule a réagi, les gens se sont rapprochés, les flics ont paniqué, et Jim a continué à titiller à la fois la foule et la police. Le lendemain, le journal local titrait : « Émeute au Colisée. » Pourtant, même en exagérant, on pouvait pas dire qu'il y avait eu une émeute. Un peu de bousculade, une casquette de flic en orbite, probablement quelques personnes renversées, mais en Arizona on considérait ça comme une émeute. Et bien entendu, Jim fut tenu pour responsable.

Parfois, lorsqu'il les trouvait trop longs, Jim se coupait lui-même les cheveux. D'une main, il saisissait ceux qui lui tombaient sur les épaules et, de l'autre main, il les coupait droit, d'un seul coup, avec une paire de ciseaux. Comparez la photo ci-dessus à celle de la page de droite, prise quelques heures plus tard.

EXPÉRIENCES

Il existe un tas d'anecdotes sur la conduite excentrique de Jim durant la première période des Doors, lorsque la popularité du groupe commençait à s'étendre dans tout le pays.

BILL : Bon, à partir de là, il est difficile de départager le mythe et la réalité. J'ai rejoint l'équipe des Doors à la fin de la période acide et dans les premiers mois de la période alcool. Jim, que je sache, n'avait pas de problèmes de drogue vraiment sérieux. Il ne prenait pas de pilules, il ne vivait pas sur les barbituriques, ou sur quoi que ce soit d'autre.

Un week-end, en 1967, les Doors jouaient à l'Action House de Long Island. L'après-midi, pendant que j'installais le matériel, Jim s'est mis à boire au bar et, au moment de monter sur scène, il était complètement incohérent. Alors, quand tout a été terminé, je suis allé voir le barman et je lui ai dit : « Il a laissé un sacré compte, je crois. Il faut que je sache combien de verres il a descendus. Pouvez-vous vérifier ? » Le type a compté et m'a répondu : « Vingt-six doses de whiskey canadien. » Bon, je savais que vingt-six verres suffisaient largement à expédier un homme à l'hôpital, mais Jim avait bu ça en deux ou trois heures.

À ce sujet, je me rappelle qu'il a dit : « Je voulais juste voir ce qui allait arriver. » Mais il le savait ce qui allait arriver, non ?

Je ne pense pas qu'il réfléchissait à ça avant de le faire. Il analysait la chose après coup. À mon avis, le besoin d'évasion jouait un rôle important dans cette histoire, le désir de tenter l'expérience aussi, et l'envie d'alarmer tout le monde faisait également partie du phénomène. Comme s'il s'était dit : « Jusqu'à quel point vais-je pouvoir me bourrer, et comment vais-je m'en tirer ? Jusqu'où vont-ils supporter ça ? » Souvent, il faisait des trucs pour voir jusqu'où les gens allaient le supporter.

RICH : Il était parfois difficile de dire s'il avait bu ou non. Parce que, même saoul, il restait lucide, ce qui m'a toujours étonné. Je suis sûr qu'il buvait pas mal plus que moi, mais je ne l'ai jamais vu lancer des verres, des bouteilles, ou se conduire comme un épouvantable ivrogne, ni rien.

Au début, on trouvait ça plutôt drôle, récréatif. On en était à nos premières expériences avec l'alcool, avec la dope en fait, plus qu'avec l'alcool. C'était une période d'expériences. Les abus de Jim me semblaient surtout un moyen, pour lui, d'essayer la chose ; je ne le croyais pas dominé par ça. Quoique. Après un certain temps, il est devenu évident qu'il y avait un problème avec l'alcool. Boire était son seul vice, semble-t-il. Je n'aurais pourtant pas dit : « Ce type-là est alcoolique. » Je ne pense pas que cette idée m'ait jamais traversé l'esprit aussi nettement. Mais il est certain que l'alcool était un problème.

Au milieu des années 60 les gens n'étaient pas, comme aujourd'hui, aussi conscients du fait que l'alcoolisme constitue une maladie qui s'installe progressivement. Tous les amis de Jim buvaient, et aucun d'entre nous n'en connaissait assez long sur la question pour lui conseiller de laisser la bouteille et de suivre une cure de désintoxication.

BILL : Je me doutais qu'il avait des problèmes graves. Je ne savais pas lesquels. Je savais seulement qu'il pouvait ingurgiter beaucoup plus d'alcool que n'importe qui... J'ai parfois pensé qu'il cherchait à se suicider de cette façon, parce que les quantités absorbées dépassaient l'entendement. Ces jours-là, Jim évoluait dans son monde à lui, où personne n'avait accès.

DES ASSOCIÉS

Sur le plan juridique, les Doors formaient un partenariat. Ils avaient passé un accord selon lequel les membres du groupe devaient agir de concert, chacun donnant son accord avant de lancer tout le monde dans une aventure quelconque, ou avant de prendre une décision importante qui engageait le groupe.

RICH : Dès le départ, c'est-à-dire, en ce qui me concerne, à la fin de 66, début 67, Jim semblait se tenir légèrement en retrait du groupe. Et à mesure que le temps passait, il devenait de plus en plus distant par rapport aux autres Doors. Il arrivait par ses propres moyens, ne se déplaçait pas forcément avec les autres, il se tirait plus tôt, ou plus tard que les autres.

Dans les loges, il avait son petit clan à lui, et les trois autres avaient le leur. Comme Robbie le disait encore il y a quelques années : « Durant longtemps, on a été tous les trois contre Jim. Et plus tard, quand il n'était plus là pour qu'on s'en prenne à lui, on s'est engueulés entre nous. »

En 1968, des représentants de Buick, une filiale de la General Motors, approchèrent les Doors et leur proposèrent d'acheter les droits de « Light My Fire » pour une campagne publicitaire.

BILL : L'une des rares fois où j'ai vu Jim vraiment contrarié, c'est lorsqu'il a découvert l'histoire de « Come on Buick Light My Fire ». Hors de lui. Il s'est senti trahi. Ses partenaires l'avaient trahi et s'étaient vendus à l'Amérique des grosses compagnies sans lui demander son avis.

J'étais là quand il leur a dit : « Comment avez-vous pu me faire ça ? C'est aussi mon groupe. Comment avez-vous pu prendre cette décision sans moi ? »

L'un d'eux a répondu : « Écoute, vieux, tu ne nous as pas dit où tu allais, la proposition risquait de nous échapper. »

« Et alors ? » Il ne comprenait pas. Qu'il soit parti pour un jour ou pour un mois, aucune importance, on ne se vend pas à l'establishment, au système. On diffère, on annule, mais on dispose pas de son âme comme ça.

Ce fut la fin du rêve. La fin des relations cordiales entre Jim et les autres membres du groupe ; à partir de ce moment, il n'y eut plus que les affaires. C'est ce jour-là qu'il a dit : « Je n'ai plus de partenaires, j'ai des associés. »

Un autre groupe se serait dissout, mais les Doors ont tenu bon. Jim s'éloigna quelque peu du rock pour pratiquer d'autres formes artistiques, la poésie, le cinéma, le théâtre, et il attendit, non sans impatience parfois, d'être libéré des engagements qui le liaient aux membres du groupe.

UN HOMME NEUF

RICH : Tu sais, Jim est allé là-bas *(à Paris, au printemps de 1971)* pour recouvrer un certain anonymat et devenir vraiment poète. Ça n'a pas duré plus de trois ou quatre mois, je pense, et il me semble qu'il n'a pas vraiment eu l'occasion de prendre son envol dans cette nouvelle vie. Je crois que rien ne peut m'attrister davantage, parce que je sais qu'il voulait vraiment devenir un autre, un homme neuf. Il me semble qu'il n'a pas eu le temps d'y parvenir, de satisfaire ce désir. Et ça, c'est triste.

Jim fut vraiment contrarié d'apprendre que Buick avait acheté les droits de « Light My Fire » pour vendre ses voitures.

Pages suivantes : Les Doors lors de l'enregistrement de l'émission « Critique » sur le réseau de télévision PBS, à New York, en 1968.

Tout juste au bord

De Jim Morrison, on pouvait prendre tout ce qu'on voulait, mais on ne plaisantait pas avec sa liberté.

Durant les années 60, Ron Allan et moi ne nous connaissions guère. Il se rappelle m'avoir vu à l'époque où j'effectuais le montage de Feast of Friends, *le documentaire sur les Doors. Nous avons passé récemment un après-midi à parler de choses et d'autres, à échanger des anecdotes et des souvenirs. L'intelligence de Ron, son ouverture d'esprit et ses qualités humaines imprègnent tout ce qu'il dit. Étant lui-même musicien et auteur-compositeur, il était en mesure d'apprécier, mieux que d'autres, les talents de Jim dans ces domaines. Ron, qui jouait dans les clubs de Sunset Strip, qui habitait dans les collines de Hollywood et fréquentait des musiciens, des danseurs, des artistes et un ensemble hétéroclite de doux dingues divers, se trouva remarquablement bien placé pour observer la noce, fameuse entre toutes, entre Hollywood et la révolution psychédélique.*

Ci-dessus :
Ron Allan, en 1968.

Page de gauche :
Quelqu'un ou quelque chose amuse Jim au Felt Forum, à New York, en janvier 1970.

Je viens de San Antonio, au Texas. Depuis mon adolescence, j'habite le quartier ouest de Los Angeles, et j'ai commencé à former des groupes dès 1963. J'allais donc à Hollywood régulièrement, sur le Strip aussi, et je jouais dans les clubs, ce genre de trucs. J'écrivais des chansons.

Je jouais au London Fog avec les Magic Tramps, on n'était que trois à l'époque. Au Fog, on pouvait améliorer notre répertoire en donnant des spectacles. Jesse James, le propriétaire, nous filait vingt dollars par soirée et nous laissait boire quelques verres gratis. Il n'y avait jamais beaucoup de monde, de sorte qu'on pouvait travailler les chansons et les présenter en même temps. Les Doors sont venus quelques mois plus tard *(les Doors jouèrent au London Fog en mars, avril et mai 1966)*. Ils étaient excellents. Dès le début.

Jim était bon, oui, vraiment, il fonçait carrément, c'est ce qui compte. Quand il chantait, on ne se disait pas : « Voilà un type qui doute de ses capacités. » Elles étaient encore perfectibles, mais il ne doutait pas. Il y allait sans hésitation. Je me disais : « Voilà un type qui a décidé d'être chanteur, il y croit et, du coup, il est chanteur. » Il se donnait entièrement. Il plongeait littéralement dans la chanson. Sans tergiverser.

Il avait vraiment l'air de n'importe quoi. Il dormait Dieu sait où, dans les mêmes vêtements trois ou quatre jours de suite, et il montait sur scène comme ça. Il paraissait très mince, assez pâle, et plutôt mal fripé, mais la vitalité qui émanait de ce type-là, tout défraîchi, était stupéfiante. C'était vraiment étonnant, je t'assure. Il buvait et... la scène du London Fog s'élevait à plus de deux mètres. Elle était pas mal haute, et très petite, très très exiguë. Il y avait tout juste assez de place pour les instruments, de sorte que Jim ne disposait que d'un espace ridicule devant, moins d'un mètre, et il se plaçait juste au bord, les orteils dans le vide. Il chantait comme ça, avec le sol en béton deux mètres plus bas. On se disait : « Mon vieux, ce type va se casser la gueule, c'est sûr. »

Au début, lorsqu'on a commencé ensemble, ce n'était pas pour des raisons musicales. On était sur la même longueur d'onde, c'est tout. Plus tard, il a commencé à... bon, il y avait un piano dans le petit local du sous-sol où le groupe répétait, on descendait là et on composait des trucs, moi, Jim et Freddy. Alors seulement on a commencé à aimer et à faire le même genre de musique.

J'ai l'impression que ce qu'on a composé là est venu tout seul. Je me mettais à jouer, il se mettait à chanter, et ensuite on notait ce qu'on avait fait. Ça venait sous l'impulsion du moment, il me semble.

Il commençait par combiner des choses et il les transcrivait sur des bouts de papier. J'ignore ce qu'ils sont devenus pour la plupart. Je sais qu'une partie a pris direct le chemin du panier, c'est pas une grande perte, parce qu'on écrivait tout le temps et on s'amusait. En somme, deux, trois types buvant autour d'un piano et qui rigolaient, rien de plus.

LE STRIP À L'ÉPOQUE

Au tout début, les gens qui traînaient sur le Strip, dans la partie Hollywood, formaient vraiment une famille. Tout le monde se connaissait et tout le monde « tripait ». On était tous sur l'acide ; je veux dire qu'on prenait de l'acide avec les gens assis à la table d'à-côté, en faisant connaissance. Oui, décidément, dans ce quartier-là, c'était comme une grande famille à l'époque.

Il y avait pas mal de LSD en circulation. Le LSD n'était pas encore interdit, alors que la possession de joints constituait une infraction. Si on

En coulisses, après un spectacle au Kaleidoscope sur Sunset Boulevard, en mars 1968. Jim boit une gorgée de vin, tandis qu'une fan lui éponge le front.

t'attrapait avec un joint, et qu'on voulait vraiment te faire chier, tu pouvais t'en tirer avec une année de tôle. Et on prenait de l'acide en toute légalité. Alors, on croisait des types dans la rue qui avaient des tonnes d'acide sur eux ; on leur en achetait pour trois fois rien, et tout le monde était pas mal allumé. C'était vraiment le Lieu par excellence, à cause de la musique. Il y avait d'excellents musiciens dans les clubs et, en plus, les rues elles-mêmes étaient très animées. Il y avait cette musique communicative, colorée, fantastique, et tout ce qui va avec. Tout ce qu'on voit lorsqu'on est *stone.* C'était comme si la musique et la dope nous ouvraient les portes du monde. Même les feux de circulation étaient tripants, l'éclat des feux, et tout. Bref, beaucoup d'acide. Beaucoup de musique.

C'était une révolution, mais une révolution pacifique. C'est vrai, qu'est-ce qu'on prônait finalement ? L'amour. C'était pas bien agressif. En prenant du LSD, on ouvre son esprit et on devient très émotif, sensible.

POÈME DE CIMETIÈRE

C'était la nuit, on avait joué au Sea Witch *(fin 67, ou début 68)*, un club sur Sunset Strip, en face de chez Ben Franks. On avait fait la fête durant trois jours, et on était pas mal crevés au moment de commencer le concert. Je jouais depuis une demi-heure environ et je me suis évanoui sur scène. J'étais à l'orgue, j'ai perdu connaissance, alors Freddy, le chanteur, est monté, il a pris ma place à l'orgue, Jim est venu et il a commencé à chanter. J'ai dû louper deux heures et, après le spectacle, on s'est retrouvés chez deux filles qu'on connaissait, des filles qui accompagnaient souvent le groupe. Donc on s'est pointés là, et on était pas mal saouls. On a pris de l'acide et on a aperçu le cimetière de l'autre côté de la rue, juste en face, rue Gower, au sud de Santa Monica Boulevard. Un très grand cimetière. Il était, quoi, deux ou trois heures du matin ¿ On regardait le cimetière et on s'est dit que ce serait bien d'y aller illico. Alors moi, Freddy, Jim et les deux filles, on a escaladé le mur et on a pénétré dans le cimetière. Tout de suite on a vu un lapin blanc, on a couru après, il s'est enfui, et on est restés là, à se promener. Dans un sens, et dans l'état où on était, c'était comme si on bravait la mort, comme si on l'étreignait.

Peggy, une des filles, s'est mise à « freaker ». Elle s'est allongée sur une tombe et a commencé à pleurer, à taper des pieds, vraiment elle criait, pleurait, et tout.

Nous sautions le mur
Nous errions dans le cimetière
De vieilles ombres nous cernaient
Sans musique, mais l'herbe humide
Était fraîche sous la brume

Un couple s'étreignait dans une onde de silence
On chassait le lapin dans les ténèbres
Une fille saoule baisait le mort
Et je m'adressais des sermons inutiles

Cimetière paisible et silencieux
Je ne veux pas quitter
Ta couche sacrée
Je crains la laiteuse venue du jour

(extrait de *Wilderness*)

On y est retournés plusieurs fois après, toujours la nuit, tard. On se demandait : « Bon, qu'est-ce qu'on fait ¿ » « Allons au cimetière. » Et on y allait. Ce devait être en février 1968, ou vers cette époque.

Jim pouvait porter la barbe
un jour et se raser le lendemain.
Quelques semaines plus tard,
il la laissait pousser de nouveau.

QUERELLES DE BAR

Jim, Ron et Freddy allaient dans les bars et les clubs de nuit plusieurs fois par semaine. Durant cette période, Jim se fit la réputation d'un bagarreur de bars.

Je pense que c'est l'effet du téléphone arabe. Moi et Jim, on se bagarrait souvent, mais pour rigoler, comme des gamins. Tu circules avec ton copain, tu l'attrapes par les épaules, tu commences à te battre avec lui, après t'éclates de rire, tu continues à te promener et tu fais autre chose. On faisait ça souvent, et parce qu'il allait dans les bars, d'une part, et parce qu'on disait qu'il se battait, d'autre part, même si c'était juste des luttes amicales, alors on amalgame les deux : bagarres plus bars égalent batailles de bar.

Mais, non. Il ne cherchait pas les ennuis. Et si jamais on avait voulu lui en faire, il était assez intelligent et conciliant pour dire deux, trois mots et calmer le jeu. Je ne l'ai jamais vu avoir besoin de faire ça, c'est te dire. Alors j'ai du mal à imaginer des bagarres de bar.

Je ne l'ai jamais vu fâché, je ne l'ai jamais vu perdre son sang-froid. Je ne sais même pas s'il était capable de perdre son sang-froid. Bref, je n'ai jamais rien vu de tel. Il n'était pas du genre à s'en prendre aux autres ni à quoi que ce soit. Si quelqu'un l'avait cherché, il aurait répondu : « Ah oui, bon, très bien. » C'est tout, il aurait réglé l'affaire comme ça.

EN ORBITE

Il ne prenait pas de morphine, ou d'héroïne, ni rien du genre. Mais ce qui était surprenant avec Jim, et j'ai vu la chose arriver plus d'une fois, c'est qu'on était par exemple chez une fille, ou ailleurs, et quelqu'un entrait. Pas un parfait inconnu, un type qu'un de nous connaissait plus ou moins et qui arrivait avec des pilules, disons trois, quatre ou cinq. Il ne disait pas ce que c'était, rien, mais il allait vers Jim, Jim ouvrait la bouche, le type lui fourrait les pilules dans la bouche, et Jim les avalait.

Sans savoir quel trip il allait faire, sans la moindre idée de ce qui allait se passer dans les prochaines heures. Il ne savait pas si c'était de l'acide, du *speed,* ou quoi d'autre. Juste par esprit d'aventure. Pour le plaisir. Imagine le cran qu'il faut pour faire ça, sans savoir du tout dans quel trip tu te lances. Écoute, c'est comme partir en orbite, comme ça. On part, on décolle, on sait pas où on va, allons-y. Avalons le truc. Il avait le besoin et la volonté de tenter ce type d'expériences inattendues, d'explorer quelque chose de neuf. Juste pour voir ce qu'il y avait à découvrir.

Jim était accro à l'alcool, pas à la drogue. Je veux dire qu'il ne prenait aucune dope régulièrement. Il aimait bien prendre de l'acide, mais alors c'était pour découvrir quelque chose, voir plus loin, pas pour se défoncer n'importe comment ni rester accro. Il ne prenait aucune drogue régulièrement. D'aucune façon. Même des joints. Il ne fumait pas beaucoup, d'ailleurs. Il prenait bien un joint de temps en temps, mais... ça ne l'intéressait pas beaucoup. Il aimait boire.

Bière et bouffe au Lucky-U.

ICI ET MAINTENANT

Jim ne parlait jamais de ses parents, de l'éducation qu'il avait reçue, ni de son enfance. Il s'intéressait à ce qui se passait ici et maintenant. C'était essentiellement ça, tu vois. J'ai jamais évoqué de souvenirs avec Jim.

En général, lorsqu'on était ensemble, tout devenait une aventure. On fonçait droit devant, pour franchement rigoler. C'était comme ça que ça se passait. On ne restait pas assis à nous rappeler des trucs, ou à parler de ce qui était arrivé avant. On avait trop à faire avec le présent, ici, tout le temps, et quoi qu'on fasse. Il ne croyait qu'au fait de vivre maintenant et d'être vivant à cette heure précise. C'est maintenant qu'on est vivants, on prend conscience de ça, on agit en conséquence, on fait l'expérience du moment présent, on voit ce qu'il a à nous offrir. C'était un homme qui, à l'évidence, savourait la vie, qui la dégustait. Il ne songeait pas à hier, à demain, ou... Il pensait à ce qui pouvait se produire tout de suite. Que peut-on apprendre ? Quelle expérience peut-on tenter maintenant ?

J'ai toujours trouvé que sa chanson « Take It As It Comes » était excellente, elle correspond aussi à sa manière d'agir. « Prends ton temps, t'aimeras ça de plus en plus / Prends-le comme ça vient / Spécialise-toi dans le plaisir. » Je l'ai toujours aimée celle-là, c'était tellement lui. Il prenait vraiment les choses comme elles se présentaient. Rien n'était planifié, tout devenait une expérience, une aventure. Sortons et allons voir ce qu'il y a à prendre.

SE DÉGAGER DE TOUT ÇA

Je pense qu'il y avait une grande timidité chez Jim. Il était très secret en un sens, mais il faisait des trucs pour remuer les gens. Il adorait confondre les autres. Il savait qu'on est tous un peu rigides, coincés en quelque sorte, et il aimait brasser tout ça. C'était un jeu pour lui, et qui ne blessait personne. Il se jouait de nous, il faisait des choses provocantes, mais surtout pour nous éveiller, nous désorienter un peu par rapport à la position confortable qu'on occupe d'ordinaire.

Il cherchait toujours le côté humoristique des choses, alors il faisait ça pour rigoler. Il s'intéressait beaucoup au fonctionnement de l'esprit, à la manière dont on est programmés et baisés depuis le début, à ce qu'il faut faire pour se dégager de tout ça. Il croyait, j'en suis persuadé, qu'on allait parvenir à se débarrasser de toutes les conneries que la société nous inculque depuis des générations. Il pensait qu'on devait travailler davantage à cette délivrance, qu'un jour on pourrait réfléchir et penser d'une toute autre manière. Je crois qu'au début il était vraiment convaincu de ça. Par la suite, il est devenu de plus en plus évident qu'il y avait trop peu de gens prêts à faire ce qu'il fallait pour y arriver.

Il aurait voulu que les gens portent un regard sur eux-mêmes et sur le monde, puis qu'ils brisent le carcan dans lequel ils vivaient. Après la naissance, nos parents nous inculquent un tas de préceptes qui nous collent à la peau le reste de notre vie. Il disait : « Jette tout ça. Trouve ta propre vérité. Agis conformément à ta nature, fais ce qu'il faut pour te libérer. » Je pense que lui, certainement, a trouvé sa liberté. C'était un type capable de réaliser tout ce qu'il voulait et qui n'avait jamais de regrets après coup. Je ne l'ai jamais vu, le lendemain, dire des trucs comme : « Oh, j'aurais jamais dû faire ça, j'étais saoul. » Ça, c'était sa liberté. Il se la

Page de gauche :
Sur scène, Jim semblait parfois transporté par la musique.

En coulisses, après un concert avec Albert King.

devait en quelque sorte. Il pouvait faire ce qu'il voulait, et chacun devait pouvoir agir de même, du moment qu'on ne blessait personne, ce que lui n'a jamais fait.

SEX SYMBOL

Il souhaitait se débarrasser de l'image d'idole sexuelle collée à son nom ; pour lui, c'était merdique cette histoire-là. Il ne voulait plus être le *sex symbol*, la star du rock and roll, il voulait qu'on le considère pour ses écrits. Mais les gens se rendaient aux concerts pour assister à un spectacle de foire, voir si Morrison allait tomber de scène, voir à quel point il serait saoul ce soir-là, au lieu d'écouter ce qu'il disait et de comprendre ce qu'il cherchait à faire.

Il accordait beaucoup d'importance à sa poésie. C'était vraiment tout pour lui. Oh oui, c'était la poésie qui comptait. Le blues aussi. Il adorait le blues. Il voulait enregistrer un disque, uniquement du blues. Ses deux passions étaient le blues et ses poèmes.

ON PLAISANTAIT PAS AVEC SA LIBERTÉ

L'affaire de Miami l'a beaucoup secoué. On en a parlé plusieurs fois et ça l'ennuyait. Parce qu'on voulait le mettre en tôle, on cherchait à l'utiliser pour faire un exemple, on voulait l'enfermer et le priver de sa liberté... De Jim Morrison, on pouvait prendre tout ce qu'on voulait, mais on ne plaisantait pas avec sa liberté. Il était très préoccupé par la situation, ça le faisait « freaker » dans un sens, et j'ai noté un changement à partir de là. Il a commencé à se dire : « Bon, qu'est-ce que je fais ? Je devrais peut-être faire gaffe, parce que ces gens-là veulent réellement me coincer. » J'ai senti qu'après ça, il était, comment dire... ça l'inquiétait. Écoute, voilà un

Quand on lui demandait ce qu'il pensait de cette étiquette de sex symbol *qu'on lui accolait, Jim répondait : « Je ne vois pas que le sexe soit tellement symbolique. »*

gars... je ne l'ai jamais vu avoir peur de quoi que ce soit, en fait il n'avait peur de rien, il n'y avait aucune espèce de trouille chez lui, mais cette possibilité d'aller en prison... pour la première fois, j'ai senti qu'il se disait : « Eh, mon vieux, ça c'est pas cool du tout. »

De toute façon, tout se déglinguait, la police était de plus en plus répressive sur Sunset Strip. En 69, le Strip n'avait plus rien à voir avec ce qu'il avait été en 67. Ça avait pas mal dégénéré.

Le court printemps musical, aux couleurs éclatantes, s'acheva en 1968, dans le bref intervalle – quelques mois à peine – qui sépare l'assassinat du révérend Martin Luther King de celui de Robert Kennedy, quand la police réprima brutalement les manifestants et les journalistes lors de la Convention nationale du Parti Démocrate à Chicago. En novembre, Richard Nixon fut élu président. Le pays, enlisé depuis longtemps dans la guerre du Viêt-nam, conflit épuisant et controversé, plongea peu à peu dans la morosité. L'Été de l'amour, célébré avec tant d'allégresse en 1967, se dissipa comme un rêve et, en 1969, le contexte devint à la fois plus dur et plus amer.

Le 1er mars 1969, Jim fit son numéro à Miami. Plus tard, la même année, Charles Manson et sa bande de malades, reclus dans leur commune hippie et frappés d'un délire homicide sous l'empire de la drogue, tuèrent Sharon Tate et six autres personnes, mettant ainsi fin au mouvement des fleurs et à la croyance en un salut possible par le LSD. Enfin, le 6 décembre, à Altamont, les Hells Angels anéantirent pour de bon notre foi dans le pouvoir salvateur du rock and roll. Dès lors, il n'était plus possible de voir en la musique un moyen de réunir les gens. Nous savions, désormais, sans aucun doute, que la violence est toujours là, présente, qui guette. La Paix et l'Amour, les deux emblèmes des mouvements hippie et antimilitariste, ne furent plus que des coquilles vides. C'était terminé, le phénomène se prolongea quelque temps, d'une part à cause de l'élan donné, mais surtout parce que des rusés surent commercialiser les symboles de ce rêve et mettre la Love Generation *en marché.*

Ceux qui avaient les pieds bien sur terre vérifièrent que leur passeport était toujours valide.

CHANGER

Vers la fin de la conversation, nous parlions du départ de Jim à Paris, du sens de tout cela et, soudain, une question me traversa l'esprit : « À ton avis, qu'est-ce que Jim voulait faire, au fond ? »

Changer. Changer les choses, c'est pour ça qu'il est parti. Il voulait du changement, sauf que, comment s'y prend-on ? Et surtout, comment s'y prend-on lorsqu'on s'appelle Jim Morrison ? Il était écœuré de la superstar et de l'idole sexuelle qu'on voulait faire de lui, du numéro de mec saoul qu'on attendait qu'il fasse. Je pense qu'il aurait aimé faire des films. Il me semble que ça aurait été une évolution naturelle dans son cas. Davantage de poésie, bien sûr, toujours plus.

S'exiler dans un autre milieu, tout simplement, un monde différent de celui dont il avait fait le tour durant les dernières années. Mais on va ailleurs et les choses ne sont pas toujours comme on les imaginait ; on se retrouve au même point, même si on a changé de lieu. Je crois qu'il aurait aimé mener un vie normale durant quelque temps. Ça aurait été de merveilleuses vacances pour lui.

Les feux rouges

Avant de le connaître, je croyais que son comportement, sa façon de marcher, son personnage de type nonchalant, oisif, ou laconique, étaient juste de la prétention. À tout le moins de la prétention.

Ginny Ganahl avait vingt ans lorsqu'elle commença à travailler au bureau des Doors, au 8512 Santa Monica Boulevard, en novembre 1968. Elle y demeura assez longtemps pour faire en sorte que ce bureau fonctionne rondement, et elle aida Jim à mettre au point son premier livre, publié à compte d'auteur.

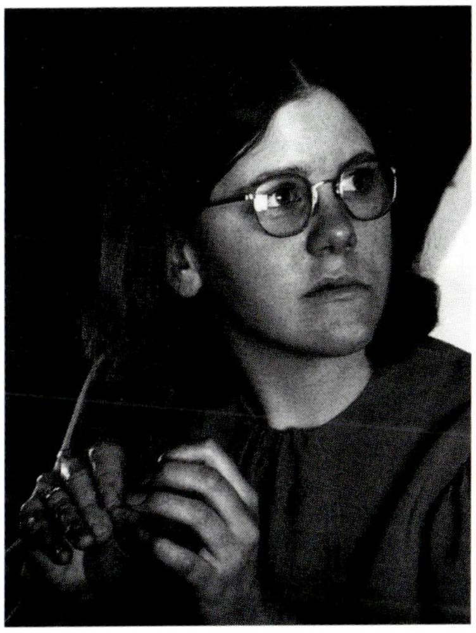

Ci-dessus :
Ginny, au bureau des Doors, en 1969.

Page de gauche :
Jim devant un mural de Juan O'Gorman, à Mexico.

Je n'avais jamais été une fan des Doors. J'écoutais plutôt Buffalo Springfield. Et j'aimais les Byrds. Je pensais que Jim Morrison, comme je l'avais vu à la télé, ou en ville, était un poseur. J'avais l'impression qu'il en faisait des masses pour avoir l'air cool, pour jouer au gars *stone*, comme bien d'autres. Beaucoup de gens cherchaient à avoir l'air *stone* à l'époque.

Alors ce fut une vraie surprise quand je l'ai rencontré. J'ai fait sa connaissance le premier ou le deuxième jour après mon engagement au bureau. J'étais stupéfaite de constater à quel point il était charmant et sincère.

Il voulait me connaître. Tu sais, il avait le don de faire ressortir ce que les gens ont de meilleur. Il m'encourageait vraiment à m'exprimer. Je sentais qu'il était intéressé, jusqu'à un certain point, à savoir qui j'étais. Et il était tellement calme. Je ne pense pas avoir jamais connu une personne aussi cool de toute ma vie, authentiquement cool et, ça, dans presque toutes les circonstances où je l'ai vu. J'en ai été frappée dès le premier jour.

J'étais vraiment impressionnée par sa gentillesse et son absence totale de prétention. Je m'étais complètement trompée à son sujet. Je l'avais toujours imaginé très prétentieux.

Avant de le connaître, je croyais que son comportement, sa façon de marcher, son personnage de type nonchalant, oisif, ou laconique, étaient juste de la prétention. À tout le moins de la prétention. Je pensais dur comme fer qu'il cherchait à jouer au gars cool. Comme il avait vu faire James Dean, peut-être. Une manière de se déplacer lentement. Le regard absent, tu vois, ce genre de trucs. Je pensais qu'il posait, qu'il jouait à ça. Mais quand j'ai fait sa connaissance, et chaque fois par la suite, lorsque je le croisais au bureau, ou ailleurs, j'ai bien vu que ce n'était pas le cas, et qu'il était vraiment comme ça. Il avait naturellement cette aisance. Il ne cherchait pas à jouer au mec cool, ni à avoir l'air cool, il était comme ça. Cool.

Et ensuite, lorsque je l'ai vu au Forum, en décembre 1968, j'ai été estomaquée par sa façon de manipuler la foule. Je n'avais jamais rien vu de semblable. Bien sûr, c'était aussi un chanteur fantastique. Jusque-là, je ne l'avais pas placé bien haut, même sur ce plan-là.

SELON TOUTE PROBABILITÉ

Tu sais comment il conduisait. S'il roulait sur Santa Monica Boulevard, ou dans La Cienega, il frôlait la voiture d'à-côté et il changeait de voie continuellement. Ensuite il éraflait une autre auto. Et quand la sienne s'arrêtait finalement, pour une raison ou une autre, il en descendait et continuait à pied. Quels que soient les vêtements qu'il portait, depuis un, deux ou trois jours, s'ils étaient fripés, ou s'ils sentaient, il les mettait dans le coffre et les abandonnait comme le reste.

Tu te souviens de quelle façon il traversait la rue pour se rendre du bureau au Phone Booth. *(Pour Jim, le Phone Booth était idéalement proche du bureau des Doors.)* C'était un grand carrefour, avec des rails de tramway au milieu. Jim attendait que le feu passe au rouge. Il attendait carrément. Il fallait qu'il procède de cette façon. Et après, il entamait une sorte de danse entre les autos, une suite de mouvements brefs, comme un toréador en caoutchouc. C'était complètement con. Mais on pouvait rien faire contre ça. J'avais traversé cette rue assez souvent avec lui pour savoir qu'il allait agir comme ça.

Jim s'amuse dans la rue, à Seattle, en 1970.

Alors, on sortait et on traversait la rue. On allait au bar, on choisissait une table, on s'asseyait, on l'attendait. Et tout le monde savait que, selon toute probabilité, Jim allait s'en tirer. C'était comme un besoin chez lui. Il avait cette espèce de... je ne sais pas s'il faisait ça par esprit de contradiction, ou si c'était une rébellion profonde, un plaisir, une bravade, ou quoi. Il fallait qu'il conduise de la sorte et qu'il se faufile comme ça dans la circulation, il avait besoin de rendre la chose plus dangereuse qu'elle n'était.

L'anecdote de Ginny me rappelle les nombreuses fois où j'ai traversé cette même rue avec Jim. Soit il attendait que le feu

passe au rouge pour lui, et alors il courait devant les autos qui démarraient, soit il traversait en courant lorsque la circulation était la plus dense, prenant un vif plaisir à esquiver l'accident ou la mort. Il n'en faisait pas un pari ; il ne s'attendait pas à ce qu'on l'imite, il ne le désirait même pas. En agissant ainsi, il rendait un événement ordinaire, la traversée d'une rue, sensiblement plus amusant. « Oh, c'était limite », disait-il en arrivant sain et sauf de l'autre côté, comme si les conducteurs et les voitures l'avaient pris pour cible. Et puis on en riait ensemble, encore frémissants.

ODE

Les Doors devaient jouer à l'Aquarius Theater de Los Angeles, le 21 juillet 1969, et Jim avait décidé de faire de cette soirée un événement mémorable. Le 3 juillet 1969, la nouvelle arriva d'Angleterre : Brian Jones, membre fondateur des Rolling Stones, et musicien le plus provocateur du groupe, venait de se noyer chez lui, dans sa piscine.

Je me souviens de ce jour-là. Je me souviens avoir entendu la nouvelle de la mort de Brian Jones à la radio, le matin, en allant travailler.

Jim a téléphoné ce matin-là, je ne sais plus qui a mentionné la chose en premier, mais un de nous a dit : « Aïe, c'est lourd ce qui est arrivé à Brian Jones. » Et Jim a dit qu'il avait écrit un poème. Si je me souviens bien, il m'a demandé : « Veux-tu l'entendre ¿ » J'ai répondu : « Bien sûr. » Il l'a lu. Et j'étais fascinée.

Le poème que Jim écrivit quelques heures après la mort tragique et inattendue de Brian Jones s'intitule « Ode à L.A., en songeant à Brian Jones, décédé ». Il s'achève sur ces vers :

Empestera-t-il
Quand on le portera aux nues
Dans les temples
de la musique

Aucun risque

Requiem pour un caïd
Ce sourire
Ce regard porcin
de satyre
a bondi soudain

dans l'humus

Je ne sais plus si je lui ai fait part de mon sentiment, mais j'étais réellement secouée par son poème. J'avais déjà lu et entendu un tas de poèmes et de chansons écrits par Jim, mais j'ai été vraiment remuée par celui-là. Je trouvais ça pénétrant. Et la fin, « Ce sourire / Ce regard porcin / de satyre / a bondi soudain / dans l'humus », ça représentait tellement Jim Morrison pour moi. Et c'était Brian Jones aussi. Franchement, j'ai eu l'impression qu'il avait vraiment réussi à saisir quelque chose. Je ne sais plus ce que j'ai dit pour l'encourager à imprimer ça. Le concert à l'Aquarius était imminent, mais Jim avait le temps de faire imprimer le poème pour le distribuer en hommage.

Ginny aida Jim à mettre au point les manuscrits de ses deux premiers livres.

À propos de ces deux bouquins, *The Lords* et *The New Creatures*, il était sûr de son coup à 100 %. Je me souviens quand tout a été terminé, quand les livres sont arrivés et qu'il les a eus en main, il m'en a dédicacé un exemplaire. On a décidé à qui en envoyer, etc. Il était absolument ravi. Il a dit : « Je peux mourir heureux maintenant. »

Bon, il a dit ça en toute sérénité, mais l'événement prenait vraiment cette importance pour lui, même s'il s'agissait de livres à compte d'auteur. Il devenait un artiste à part entière, et ça, c'était un tirage limité de son travail.

Page de gauche :
Sur scène, à Asbury Park,
au New Jersey, en 1968.

TAQUINERIES

J'étais très jeune et il aimait m'asticoter. Il aimait me mettre mal à l'aise. Je pense que... bon, je rougis encore de temps en temps, mais à l'époque il était encore plus facile de me faire rougir, et il adorait m'embarrasser. Il était prêt à faire n'importe quoi pour me mettre au supplice. Dans ce sens, il était un peu comme un frère aîné qui se serait évertué à me taquiner.

Durant les neuf mois où j'ai travaillé dans ce petit bureau et où je l'ai vu régulièrement, je dirai que, 98 % du temps, Jim était un gentleman, un homme vraiment charmant. Il se comportait comme un poète, un vrai poète à l'œuvre.

Je ne l'ai jamais vu désagréable. Je ne l'ai jamais vu se montrer méchant ou cruel avec qui que ce soit, ni élever la voix, fâché, devant qui que ce soit. On aurait dit qu'il possédait une intelligence particulière. Une compréhension plus aiguë qu'aucun d'entre nous, à l'époque, de tous les changements qui se produisaient. De la fatalité des choses aussi. Il pouvait s'asseoir, tout simplement, observer, et voir plus loin que les autres. Il aimait beaucoup observer les situations. Souvent il ne faisait rien, il ne provoquait pas les événements. Il ne les commentait même pas. Il restait là, assis, et il observait.

Je suis encore étonnée, même aujourd'hui, et peut-être davantage aujourd'hui, en raison de tout le temps qui a passé sans lui et des réflexions qu'on a faites depuis, à son sujet, étonnée par la maturité qu'il avait pour un homme qui, somme toute, est mort très jeune. Je pense que, dans un sens, il a réussi à faire en sorte que son comportement et toute sa vie, non pas seulement sa vie professionnelle, soient parfaitement cohérents.

Veste en peau de reptile

Jim saisit une bouteille par le goulot et la brisa sur la tête de Babe. J'ai dit : « Jim, c'était vraiment une connerie », et il a dit : « Ah oui ? »

Michael McClure participa très tôt, tant à New York qu'à San Francisco, aux efforts et aux luttes qui, dès le milieu des années 50, marquèrent la renaissance de la poésie américaine. En plus d'être dramaturge, romancier, professeur et militant politique, Michael est l'un des rares poètes américains vraiment originaux de ce siècle.

Michael s'exprime avec l'assurance concise d'un homme qui sait ce dont il parle ; son langage, qui tient à la fois du résident des grandes plaines, du beatnik des villes et du visionnaire de San Francisco, lui est absolument propre. Le débit, le rythme de sa voix, où alternent l'enthousiasme et la réflexion, communiquent aux phrases un mouvement ondulatoire qui s'amplifie sans cesse. Durant notre conversation, la manière dont les remarques et les réflexions refluaient pour remonter aux sources les plus enfouies de la mémoire me donnait à penser que Michael s'interviewait lui-même à propos de notre ami commun.

Jim avait confiance en son propre talent, tout en cherchant la reconnaissance d'un écrivain au jugement fiable, dont il admirait le travail. En Michael, Jim trouva à la fois un mentor et un ami.

Ci-dessus :
Michael McClure, en 1967.

Page de gauche :
Jim portait parfois les breloques qu'on lui offrait. Quelques heures, ou quelques jours plus tard, il en faisait cadeau à d'autres personnes, ou les abandonnait dans une chambre de motel. Il ne s'attachait jamais longtemps aux objets.

Michael Hamilburg sortait avec Judy, la sœur de Pam, et Jim voulait me rencontrer, ayant appris que Michael était mon agent. Hamilburg est d'ailleurs devenu par la suite l'agent littéraire de Jim. Hamilburg m'a donc rejoint à New York, où j'assistais aux répétitions de ma pièce, *The Beard*, et il fixa un rendez-vous dans un bar du Village. Jim portait des pantalons de cuir, et il s'est trouvé que, ce jour-là, j'en portais moi aussi. Alors, probablement à cause de ça, nous sommes entrés dans le bar, Hamilburg nous a présentés, je me suis assis, j'ai jeté un coup d'œil à Jim, il en a jeté un sur moi, et on a décidé qu'on ne se plaisait pas. Tu sais comment sont les jeunes gens. On était assis là, à se regarder avec des yeux de merlans frits, comme si on niait l'existence l'un de l'autre. Ensuite, je ne sais plus comment c'est arrivé, mais l'un de nous a commandé un verre pour l'autre, on a commencé à discuter et le contact s'est établi. Il y avait tout de même eu quelques minutes glaciales au début, et plus tard Michael Hamilburg m'a dit qu'il s'était senti au plus mal. Il s'est levé, c'était trop pour lui, et est allé s'asseoir à l'autre bout du bar.

Bon, la défiance initiale s'est rapidement transformée en conversation chaleureuse. J'appréciais l'intelligence de Jim, j'aimais son style, la manière dont son esprit fonctionnait et sa façon de bouger. En somme, c'était un être humain bien coordonné, brillant, tant sur le plan physique qu'intellectuel, dont toute la personne allait dans le même sens. On sentait le poète, là, devant soi.

UN ÉTAT DE CRISE

Dans la société actuelle, le rôle du poète est le même que celui de tout autre artiste. Il consiste à maintenir les voies ouvertes, à entretenir les sentiers de l'imagination, que la société refermerait si on n'y prenait garde. Autrement dit, l'artiste doit faire en sorte que l'imagination demeure en mouvement. Tous les arts ont cette même fonction, ils doivent alimenter un certain état de crise, et veiller à ce que cet état de crise ne se résorbe pas, de manière à ce qu'on soit bien vivants et non pas relégués au rôle de simples robots tenant diverses positions sociales, l'une après l'autre.

Jim aurait-il été d'accord avec ça ?

Oui, je pense ; et sans réserve.

Une affiche de 1970 annonçant une lecture de poèmes.

UN JEUNE KEROUAC

Il s'est mis à écrire des poèmes pour réagir, en quelque sorte, aux poèmes qu'il avait lus et entendus, à ceux qui lui plaisaient particulièrement.

D'abord, on sent que telle forme d'art offre à notre imaginaire de multiples possibilités d'expression, cet art commence donc à nous dire quelque chose et on veut y exceller soi-même. On écoute du blues, par exemple, et on décide que désormais on sera chanteur de blues. On se dit : « Muddy Waters est sensationnel. » Et puis, en écoutant la complexité de cet art, on se demande comment s'y prendre pour réaliser quelque chose du même genre.

Au départ, écrire de la poésie est une réaction à la poésie. Un chaton commence à chasser les souris parce qu'il va devenir un chat, un aiglon commence à voler en s'exerçant à battre des ailes au bord du nid, et un tout jeune Kerouac débute en tapant son premier roman.

Dans le domaine lyrique, Jim avait un don. Je n'entends pas lyrique dans le sens musical du terme, ou dans celui de chanson, mais bien dans celui de poésie lyrique. Jim avait un talent naturel pour la poésie, il s'est rendu compte qu'il était capable de chanter, d'écrire des chansons, et il a fait ce qu'il y avait de plus intelligent, il a séparé les deux activités. Plus il les tenait éloignées l'une de l'autre, meilleur il était dans chacune d'elles.

UN HUBLOT

Jim était incapable de faire les choses à moitié. S'il buvait, il fallait qu'il finisse la bouteille. Lorsqu'il prenait du LSD, il absorbait plusieurs jours de suite des doses toujours plus importantes. Quand il donnait un concert, il aurait joué jusqu'à l'épuisement, si les règlements municipaux n'avaient imposé un couvre-feu. Toujours l'excès donc, pour la beauté de l'expérience, qui est le matériau brut de l'art du poète. Cette voie dans l'excès mène peut-être au palais de la sagesse, comme l'écrivait William Blake, mais l'excès peut également faucher le voyageur en chemin.

Jim était fasciné par l'idée de Rimbaud du dérèglement de tous les sens. Quand on dérègle l'équilibre naturel des sens, que ce soit par l'alcool, l'insomnie systématique, le jeûne, la sexualité, ou par l'usage de drogues, on fait plus qu'accroître l'ensemble de ses connaissances, on l'ébranle aussi, on le secoue, et de telle façon qu'on se met à voir le monde d'une toute autre manière. Et à partir du moment où on considère les choses d'une autre manière, on élargit le champ. C'est comme si on élargissait le hublot qui s'ouvre sur le monde, et c'est absolument ce qu'un jeune poète sensé a le devoir de faire – du moins un jeune poète qui écrit sur les hauts faits de l'aventure, ceux de la conscience et de la perception.

Ci-dessous : éditions princeps des premiers livres de Jim publiés à compte d'auteur.

DES YEUX D'INSECTE DU NIL

Avec *The Lords : Notes on Vision*, Jim a décomposé, d'une façon quasi alchimique, sa thèse en cinéma de l'UCLA, pour lui donner la forme de cet ouvrage surprenant. Je pense que ce livre est la déconstruction, la compression et le résumé très dense d'un document à l'origine plus long, ce qui est, pour un poète, une excellente façon de procéder. C'est aussi une preuve d'intelligence, de la part d'un jeune homme, que de faire autant d'observations fines d'abord, puis de réussir à les rassembler de cette manière. Certaines observations n'ont peut-être pas été inventées par Jim, mais la composition de l'ensemble crée un ouvrage à la fois unique et philosophique. L'auteur fait preuve ici d'une formidable aptitude à traiter son sujet et à répartir ses informations, tant celles qu'il a imaginées que les authentiques. C'est un ouvrage solide.

The New Creatures, l'autre livre de Jim, est un recueil de poèmes imaginistes, avec des clins d'œil au XVIIe siècle, des allusions au théâtre élisabéthain, à la mythologie classique aussi, et qui possède, en plus, un point de vue romantique très personnel. J'emploie le terme romantique dans le sens qu'on attribuait au XIXe siècle à la poésie découlant de Keats et de Shelley : « Veste en peau de reptile / Œil indien... »

Veste en peau de reptile
Œil indien
Chevelure éblouissante

Il évolue dans l'air brouillé de l'
Insecte du
Nil

(tiré de *The New Creatures*)

Je veux dire que c'est un poème du XIXe siècle, un poème très personnel, encore que la poétique, ici, procède absolument de la poésie imaginiste du XXe siècle. C'est quasi caractéristique de cette école, et c'est de la bonne poésie, très raffinée. C'est aussi bon que le travail de n'importe quel poète de cette génération, c'est-à-dire qu'il n'y a pas, dans la génération de Jim, un autre poète qui ait fait mieux.

Compte tenu de sa concision, c'est un bon poème autobiographique, un poème autobiographique bref, aussi bon que tout ce que je connais dans le genre. Voilà un poème formé de – combien ¿ – six vers imaginistes. On croit lire un sonnet de Shelley. C'est comme un flocon, un fragment d'obsidienne tombé d'un sonnet de Shelley. On songe aux chansons de rock en même temps. Vois comme c'est à la fois simple et beau...

THE ADEPT

Jim m'a proposé de le rejoindre à Londres pour discuter avec Elliott Kastner, le producteur de films ; c'était un mois environ avant que ma pièce, *The Beard*, ne prenne l'affiche à Londres, vers la fin de 1968. J'ai pris l'avion pour Londres, Jim m'a retrouvé à l'aéroport, et nous nous sommes mis à boire sérieusement.

Avant d'aller voir Kastner, on a passé quelques jours à évoquer les poètes anglais et à visiter des endroits comme la maison de William Blake. Et à force de parler de *The Beard* – Jim devait jouer le rôle principal dans ce film –, on s'est rendu compte que la pièce n'avait aucune chance d'être présentée sous forme de film, en 1968, à moins de censurer le tout et de transformer la pièce radicalement, pour l'adapter au genre de cinéma qu'on présentait dans les salles à cette époque-là.

On a donc décidé de ne pas présenter *The Beard* à Kastner. Entre-temps, Jim avait lu mon nouveau manuscrit, *The Adept*, un roman. Jim aimait beaucoup *The Beard*, il voulait jouer le rôle de Billy the Kid, idée que je trouvais fameuse. Mais après avoir lu *The Adept*, il a proposé de faire ça à la place. Et j'ai trouvé que c'était une excellente idée.

Alors, juste avant qu'on voie Kastner, il a dit : « Laisse-moi convaincre Elliott. Et changeons de projet. » Nous sommes arrivés là-bas, Jim portait la barbe, on avait tous les deux les cheveux au milieu du dos, et la gueule de bois, Dieu sait ce que Kastner a pensé, même s'il était pas mal hippie lui-même. En fait, je ne pense pas qu'il ait été vraiment surpris.

Et Kastner a dit : « Alors, qu'est-ce qu'on fait avec *The Beard* ¿ » Jim lui a répondu : « On a changé d'idée, on présente un autre projet, à partir de *The Adept*, le roman de Michael. » Et il a raconté l'intrigue en y mettant un accent dramatique très intense, avec plein de détails, en décrivant parfaitement tous les épisodes. Ce qui était assez difficile, le roman étant basé sur l'expérience sensorielle. C'est un roman mystique... un roman d'aventure, à propos d'un anarchiste, un vendeur de coke idéaliste et visionnaire, motocycliste en plus, et hors-la-loi. Une sorte d'anarchiste sociopathe, artiste, idéaliste, vendeur de coke, comme dans les années 60 on en trouvait. Je m'étais inspiré de gens que je connaissais. Des gens qui croyaient en la drogue, qui ne vendaient que certaines drogues bien précises et capables, croyaient-ils, de révéler des niveaux de conscience plus élevés et de libérer l'esprit. Ces gens-là faisaient des fortunes et employaient leur argent à produire des pièces comme les miennes, et d'autres trucs du genre. Bref, Jim a raconté tout le roman à Kastner, et Kastner était visiblement intéressé...

Les qualités intellectuelles de Jim étaient vraiment surprenantes. J'étais ravi de travailler avec lui et, à ce moment-là, je venais juste de faire leur connaissance, à lui et à Pam. Devant Kastner, Jim a démontré une formidable aptitude à décrire un roman dans sa totalité, à l'expliquer, à le transformer en film, comme il l'a fait, et à le rendre aussi visuel que possible. J'étais impressionné.

Finalement Kastner a laissé tomber. Il a refusé, mais on avait toujours l'intention de faire un film à partir de ce roman, on était déterminés à rédiger le script, et Jim aurait joué le rôle principal. Entre-temps, Jim avait pris contact avec un type, Bill Belasco, qui voulait produire la chose. Alors on a discuté avec Bill et on était sûrs qu'il saurait mener l'affaire à terme. À partir de là, on a pris nos dispositions pour rédiger le scénario ensemble.

J'ai loué une chambre au motel situé en face du bureau des Doors, à l'*Alta Cienega*, où Jim allait tout le temps. Il habitait périodiquement avec Pam dans la vallée. Quand ils ne se disputaient pas, ils habitaient ensemble, et je gardais le fort, à l'*Alta Cienega*. Ensuite, Belasco a loué un bureau pour nous, au dernier étage du Scam Building. Où est-ce donc ? Au 9000 Sunset Strip ? Tu sais, ce grand immeuble à façade de verre, juste au milieu du Strip. On était au onzième, ou au douzième étage, dans un bureau de deux pièces qui faisait l'angle.

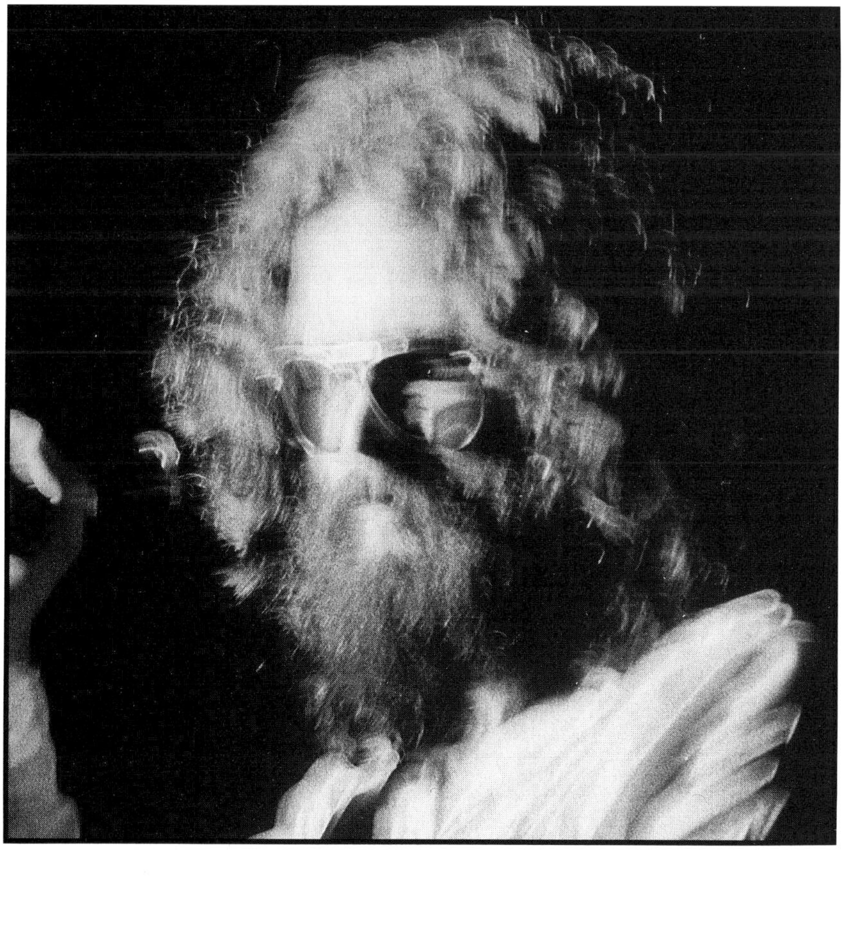

Nous avons conclu un pacte : pas d'alcool le jour. Pas d'alcool avant le travail, un verre le midi, et pas d'alcool jusqu'à dix-huit heures, ce qui était quasi dramatique autant pour lui que pour moi. On s'est installés avec des photocopies de mon roman et on était à pied d'œuvre chaque matin, à dix heures. Jim n'était jamais en retard.

Il était là chaque matin. Et j'y étais aussi. La première fois, avant de commencer, il a fait une proposition, sans doute parce qu'il avait étudié au département de cinéma de l'UCLA ; il a dit : « Il va falloir faire un plan avant d'écrire le script. » Et je lui ai répondu : « Je ne pense pas que ce soit la peine, Jim. » C'est malheureux, on aurait dû suivre sa méthode.

Nous avons travaillé directement à partir du roman, en adaptant le livre comme il se présentait. On a pas mal avancé mais, rendus à un certain point, on ne faisait plus ce qu'on avait voulu faire. On avait vu plusieurs choses ensemble, tant à Los Angeles qu'à Londres, et on tenait à les inclure dans le scénario. Jim disait par exemple : « Tu te souviens du violoniste qu'on a vu à Sloane Square ? Le type avec un vieux chapeau ? » Je lui répondais que je m'en souvenais. « Je le veux ici, en train de jouer plus bas dans la rue, au moment où le personnage se penche à la fenêtre et regarde en bas. » Et je disais : « O.K., vas-y. »

Ensuite, je lui rappelais telle ou telle chose et je disais : « Mettons ça. » On commençait à inclure tout ce qui nous passait par la tête. Ça devenait volumineux. Les idées nous venaient très vite. Jim me décrivait une partie du dialogue, un ressort de l'intrigue, ou bien on retournait au livre. Au bout d'un moment, on a constaté qu'on restait là, assis, à se raconter l'intrigue l'un à l'autre. Alors on a engagé une secrétaire. Elle arrivait à dix heures tous les matins et on lui dictait le script. On a fait ça tous les jours durant, je ne sais plus, trois ou quatre semaines environ.

On a si bien travaillé qu'on s'est retrouvés avec un scénario aussi épais que *Moby Dick*. Quelques centaines de pages, tapées, tout. Ensuite, il a fallu admettre qu'on ne pouvait pas présenter ça comme script à Belasco.

Alors une nuit, au milieu de la nuit, Jim a ramené le tout à quatre-vingt dix pages et il a raté son coup. Il a coupé le texte aux dimensions d'un scénario normal. On a fait taper ça et on l'a remis à Belasco. Mais je n'aimais pas ce que c'était devenu, parce qu'on avait fait une sorte de séquoia au départ. Au lieu de suivre un plan, on avait écrit un énorme scénario et, une nuit, sous le coup d'une impulsion créative soudaine, Jim a ramené le séquoia à la taille d'un cure-dents. Quatre-vingt dix pages. Ça n'avait plus la même valeur. Je pense qu'on aurait dû reprendre le tout en suivant l'idée que Jim avait eue au début. Mais non, c'est resté comme ça.

Ça aurait pu devenir un film formidable, avec Jim comme comédien, oui, ça aurait été très beau.

Page de droite : Jim en coulisses, à Chicago, en 1969.

25

UNE INTELLIGENCE VIVE

J'ai tendance à mieux travailler avec les gens qui sont des amis, et nous avons vraiment bien travaillé, Jim et moi. J'admirais la mémoire qu'il avait, l'acuité et la vivacité de son esprit. Et j'admirais ça d'autant plus que nous étions l'un et l'autre dans un état... On était carrément alcooliques tous les deux. J'admirais la faculté qu'il avait de coller au sujet, de ne jamais s'en éloigner. Il avait une mémoire intacte et infaillible. Il se souvenait jusque dans les détails des choses qu'on avait vues ensemble. Et il connaissait tellement bien le roman que c'est devenu une sorte d'expérience commune.

Tu sais, quand on admire encore quelqu'un après avoir travaillé avec lui, il y a lieu de faire son éloge. Non pas que tout soit parfait, mais on peut dire : « Voilà un type valable. Il a l'esprit clair, une intelligence vive, une bonne mémoire, c'est un être sensé, c'est un homme solide. »

Enregistrement de poèmes, en décembre 1970.

« AH OUI ¿ »

Quand j'ai demandé à Michael si Jim avait jamais été violent en sa présence, il a réfléchi une seconde avant de me répondre.

Bon, je l'ai vu casser une bouteille sur la tête de Babe. C'était durant le symposium de poésie à San Diego. Creeley était là, Dorn aussi.

Week-end de démence au collège
près de la mer.
Des étincelles d'auto heurtent le
poète borgne qui gueule sous un palmier.
Il se déshabille
Et frappe son ami avec une bouteille.

(extrait d'un manuscrit inédit de Jim Morrison)

Au milieu de la nuit, tout le monde était complètement bourré. Nous étions assis dehors, sur une pelouse. Creeley a retiré ses vêtements et s'est laissé rouler au bas du talus, en criant comme un ivrogne qu'il était son propre corps, c'était très beau. Et Brautigan couvait de nobles pensées, en scrutant l'obscurité.

Jim, Babe et moi étions assis, les jambes croisées sous un arbre. Je ne me souviens pas ce qu'on disait, mais Jim a saisi une bouteille de vin vide et il l'a brisée sur la tête de Babe. J'ai dit : « Jim, c'était vraiment une connerie de faire ça. » Alors il a fait : « Ah oui ¿ ». Il a pris une autre bouteille et l'a cassée sur sa tête.

Je ne peux donc pas dire que je ne l'ai jamais vu faire quoi que ce soit de violent, mais il a retourné ça contre lui, il s'est immédiatement châtié lui-même. C'était déconcertant et très touchant.

NÈGRE

Nous sommes allés voir *Paradise Now*, que présentait le Living Theater au Civic Auditorium de San Francisco *(en février 1969)*. Quand on est arrivés, la pièce avait déjà commencé et les comédiens en étaient au moment où ils se déshabillent, ils étaient presque à poil. Tu te souviens de Rufus, le comédien noir ¿ Alors Rufus nous ouvre la porte, Jim lui lance un coup d'œil et se met à crier « Nègre », aussi fort qu'il peut. Je t'assure, il a hurlé, il criait « Nègre » très fort et longtemps, en étirant le mot, en y mettant beaucoup d'intensité. Je me suis dit : « C'est complètement fou. Bon, la meilleure chose à faire pour sortir Jim de cette merde, ce serait de crier, "Nègre", moi aussi. » Ce que j'ai fait. J'ai crié « Nègre » à la face de Rufus, ce qui a rétabli la situation, je connaissais très bien Rufus et il me connaissait. Ensuite on a continué, c'est-à-dire qu'on s'est mis à crier « Nègre » sans arrêt. C'était quelque chose ! Imagine, il y avait là, dans le Civic Theater de San Francisco, toute une foule en sueur ; il y avait, sur la scène, des comédiens qui jouaient *Paradise Now* ; et il y avait Jim qui criait : « Rufus est un nègre », et moi qui criais : « Judith Molina est une négresse. » Et Jim répétait : « Négresse », je criais : « Julian Beck est un nègre », et ainsi de suite.

Jim avait dépassé les bornes, la meilleure chose était de faire comme lui, parce que toute la troupe me connaissait, j'avais déjà participé aux happenings du Living Theater. En vérité, Julian Beck était une sorte d'idole pour Jim et pour moi.

Au bout d'un moment, on nous a poussés sur scène. Jim criait : « Nègre, nègre, nègre », sans arrêt. Et je criais : « Untel ou untel est un nègre ; unetelle ou unetelle est une négresse. » Les acteurs se sont mis à faire ces sortes de jeux, tu sais, où on s'en remet aux autres. Ils se tenaient sur les talons, par exemple, ils se laissaient tomber en arrière et quelqu'un les rattrapait au dernier moment. Alors nous, on criait : « Nègre », on tombait à la renverse, et un gars, ou une fille, nous retenait avant qu'on se casse la gueule. On a fait ça un bon moment. Surprenante expérience.

Durant toute cette extravagance, on était complètement « smash », Jim et moi, ivres au dernier degré. Jim a retiré sa veste et l'a jetée dans la foule, comme il aurait fait dans un spectacle des Doors, sauf que personne dans cette salle ne savait qui il était, personne ne se doutait que cette veste valait 500 dollars, ou quoi que ce soit. Elle a disparu tout de suite, comme si elle avait été happée par un requin, une main l'a attrapée, hop, envolée. Pourtant, pas un ne savait que c'était une veste de rock star.

Le lendemain, j'étais malade, nauséeux, vidé, tremblant et effaré.

COMMENT ÉTAIT-IL VRAIMENT ?

J'ai posé à Michael la question qui est au cœur de ce livre : « Comment était-il vraiment ? »

Pas ça, je passe mon tour. C'est la question que tous les ados posent invariablement.

Alors je lui ai dit : « Je me suis rendu compte que cette question, dont j'aime la simplicité, a tout de même une certaine valeur. Elle nous oblige à résumer sans détour, en quelques mots, tout ce qu'on sait de Jim, comme si on improvisait un haiku. » Mais Michael n'a pas répondu et peut-être ce silence était-il une réponse en soi.

CHANTER

Je revois Jim chez moi, assis devant la table en bois de la cuisine, avec ma femme, ma fille, et se mettant soudain à chanter « House of the Rising Sun », ou un quelconque hit de Presley, comme ça, parce que c'était un chanteur-né, un merveilleux chanteur. Ou bien, quand on se rendait à Chinatown, on marchait dans la rue, et il entonnait tout à coup un blues, parce qu'il venait de voir un fruit à l'étal d'un marchand, ou un poisson-chat sur de la glace, dans une vitrine, et que ça l'avait touché.

Ces jours-là, Jim portait la barbe et une vieille casquette de mécanicien, il avait son ventre de buveur, et il faisait ça pour le seul plaisir de chanter. Pas une chanson des Doors, personne ne devinait qu'il s'agissait de Jim Morrison. On se disait : voilà un type mal fichu, mais il a une maudite bonne voix. Non ?

En spectacle à l'Aquarius Theater de Los Angeles, en 1969.

L'étoile filante

Il faisait en sorte que les gens soient gênés, mécontents du statu quo. Et il y parvenait. Il y parvenait même si bien que certains lui en voulaient pour ça.

Kathy Lisciandro et Cheri Siddons étaient de proches amies à l'époque, et elles le sont toujours. J'ai pensé qu'en les interrogeant ensemble, les propos de l'une rappelleraient à l'autre des souvenirs, et que nous obtiendrions ainsi une image plus complète de Jim.

À l'automne de 1969, Kathy devint secrétaire au bureau des Doors. Son travail consistait à seconder Jim dans ses diverses entreprises. Kathy tapait les poèmes au propre, à partir des pages manuscrites et des carnets de notes que Jim lui remettait. Elle tapait aussi des lettres sous sa dictée et filtrait les appels téléphoniques. Pour reprendre son expression, Kathy était sa « goûteuse en matière littéraire » ; Jim lui soumettait les scénarios, les poèmes et les divers écrits qui arrivaient au bureau, il lui demandait de les lire et de lui recommander ceux qui valaient le coup.

Cheri rencontra Jim par l'entremise de Bill, son mari, le manager du groupe. En sa présence, Jim pouvait être tranquille ; il savait que Cheri ne succomberait pas à la frénésie délirante qui gagnait tant de femmes à son approche. Elle le voyait comme un ami.

En côtoyant Kathy et Cheri, Jim put étudier plus attentivement le point de vue émotionnel et psychologique féminin. Jim appréciait leur tempérament enthousiaste et chaleureux. Leur seul tort, si elles en avaient un, était de remplir parfois auprès de lui le rôle de sœurs aînées ; elles lui conseillaient la prudence et l'engageaient à être raisonnable plus souvent qu'il n'était disposé à les écouter.

Cheri Siddons, en 1970.

Page de gauche : L'irrésistible sourire de Jim.

UN PEU DE NORMALITÉ

CHERI : Nous avions une affection réciproque très vive ; c'était une sorte... d'amour, un amour amical, une affection. Je ne faisais pas la bringue avec lui, mais lorsqu'on était ensemble, on sentait un attachement mutuel. Jim se comportait avec moi comme si j'avais été très particulière à ses yeux ; il l'était pour moi, en tout cas.

Lorsque j'ai été enceinte de mon premier enfant, il a manifesté beaucoup de curiosité. Il voulait savoir comment je me sentais, si j'avais déjà noté des transformations intérieures. Il se montrait très intéressé par tout le phénomène de la grossesse. Et même après la naissance d'Allison, il continuait sans cesse à me poser des questions là-dessus. Il me suivait, il s'asseyait à côté de moi, avec son sourire narquois et une étincelle dans les yeux. Il avait une véritable curiosité pour tout ça, il était très affectueux, très doux et, la dernière fois que je l'ai vu, c'était chez moi, Allison était sur mes genoux, il s'est assis par terre à côté et il m'a demandé : « Je voulais être le parrain. Pourquoi ne m'as-tu pas choisi comme parrain ? »

Nous étions attirés l'un par l'autre, mais sur le mode : « Si j'avais été un autre homme, j'aurais pu vivre cette existence-là, j'aurais pu avoir ce genre de femme, cette enfant, j'aurais pris mes repas ici... » Quand il venait chez nous, j'avais vraiment l'impression qu'il se branchait sur la vie de famille. Avoir un peu de vie familiale, un peu de normalité. Je pense que, pour lui, j'étais un peu le symbole de tout ça.

UNE DÉGAINE MÉRIDIONALE

CHERI : Sa façon de marcher était incomparable, je ne pense pas pouvoir la décrire. Jim n'était jamais pressé, il se foutait qu'on rate l'avion, il n'était jamais à la bourre. Il avait une élasticité naturelle, quelque chose du genre, de sorte qu'il pouvait être assis par terre, puis debout, et assis de nouveau. Comme un acrobate, tu vois. Et il avait cette façon, je me souviens, de garder les yeux mi-clos. Il ne le faisait pas tout le temps, mais il prenait parfois cette attitude sexy.

KATHY : Une dégaine méridionale, voilà. Une ondulation. Comme si ses talons ne quittaient jamais le sol, mais sans traîner la semelle. C'était un glissement. Un peu félin. Il était assez maladroit en même temps. Il trébuchait constamment sur le bord des trottoirs, dans les escaliers, il se marchait sur les pieds, les deux trucs sont contradictoires, mais peut-être qu'en plissant les yeux de cette manière sexy, il ne voyait pas bien où il allait.

Il parlait très lentement. Il semblait avoir la volonté bien arrêtée de s'exprimer avec circonspection, comme s'il pesait chaque terme. Les mots ne passaient pas ses lèvres avant qu'il ait réfléchi à ce qu'il allait dire.

UN PETIT GARÇON

CHERI : Je me souviens avoir observé son profil plusieurs fois, et il me faisait penser à un chat, la courbe de son nez, la forme du front et des yeux. Les yeux étaient assez enfoncés dans la tête, et la manière dont le nez descendait... Un jour, il était assis à côté de moi et je me suis dit : « Dieu, qu'il ressemble à un chat. » Et depuis ce jour-là, j'ai toujours pensé qu'il avait l'air d'un chat.

Il avait un physique assez avantageux, comme tu sais, mais en le voyant arriver, on constatait souvent qu'il ne s'était pas douché depuis plusieurs jours, ni rasé, il avait les cheveux tout emmêlés... Il n'avait pas grand souci du confort matériel.

KATHY : Il y avait chez lui une sorte de vulnérabilité qui nous portait à le materner.

CHERI : Il était tellement ouvert. Et il voulait qu'on le traite comme tout le monde.

KATHY : Il ne voulait pas avoir l'air différent, mais du fait qu'il était Jim, il poussait la chose à l'extrême. Les vêtements qu'il possédait étaient pour l'essentiel ceux qu'il avait sur le dos. Souvent il n'avait aucun moyen de transport, sinon ses « pattes », comme il disait. Il dormait là où il se trouvait à la fin de la soirée ; ce pouvait être au motel de l'autre côté de la rue, sur le canapé du bureau, ou bien dans la maison où il vivait avec Pamela à ce moment-là. On avait donc envie de le materner, et il laissait faire jusqu'à un certain point. On le mettait en garde contre ceci ou cela, puis il s'en allait et en faisait de toute façon à sa tête.

Kathy et Jim à Seattle, en 1970.

CHERI : Absolument.

KATHY : Mais il ne nous reprochait jamais d'avoir tenté le coup, il était comme un enfant et, parfois, comme un garçon désobéissant. Je vais faire ceci et m'en tirer sans punition, que tu le veuilles ou non.

CHERI : Il avait un côté enfant espiègle, malicieux aussi, et facétieux parfois. Un enfant, tu sais, qui provoque, qui asticote, pour voir ce que telle personne va faire après, comment telle autre va réagir.

KATHY : C'était un clown. Il aimait jouer des tours. Il s'amusait autant qu'il pouvait. Je crois qu'il s'est retrouvé assez souvent dans des situations qu'il n'avait pas du tout cherchées, mais dont il ne pouvait plus sortir. Alors il se disait : « Bon, voyons jusqu'où je peux mener ça et comment je vais m'en tirer après. Poussons la chose jusqu'au bout, on verra bien ce qui arrivera une fois rendu là. » Et lorsqu'il parvenait à cette extrémité, eh bien, il continuait jusqu'à l'étape suivante, juste pour voir ce qui allait se produire ensuite. Et il agissait comme ça pour tout. Dans toutes les circonstances de sa vie.

ANNEAUX DE CUILLÈRE

CHERI : Je me souviens d'une fois, on mangeait au restaurant, et des filles sont entrées. Elles marchaient dans la rue, elles avaient regardé par la fenêtre, elles étaient entrées et, au milieu du repas, elles avaient demandé à Jim son autographe. Il s'est conduit avec elles comme un gentleman du Sud, poli et tout : « D'où venez-vous ? Quel est votre nom ? », ce genre de trucs. Il a parlé avec elles durant dix bonnes minutes environ. Elles sont reparties heureuses et extatiques.

KATHY : Et ce sens de la politesse qu'il avait... pas juste de la politesse d'ailleurs, une véritable amabilité. Un midi, on mangeait ensemble, et un vendeur itinérant est entré, un jeune, avec une boîte à cigares pleine d'anneaux de cuillère, qui étaient très en vogue à l'époque. Un anneau de cuillère, c'est une bague faite avec l'extrémité d'un manche de cuillère ancienne, sur lequel il y avait généralement un motif. On coupait le bout et on le recourbait pour faire une bague.

Bon, le gars est entré avec sa boîte de bagues, il s'est présenté à notre table et a demandé à Jim s'il voulait en acheter une. Jim s'est tourné vers moi et m'a dit : « Choisis. Je te l'offre. » « Formidable, merci. » J'en ai pris une. Le type, ravi de sa vente, s'apprêtait à partir, mais Jim le rappelle et lui demande : « Combien pour toute la boîte ? » Le gamin est quasiment tombé dans les pommes. Jim a trouvé de l'argent au fond de sa poche, lui a tendu, et le gars lui a remis la boîte de bagues. J'ai toujours la mienne.

L'anneau de cuillère de Kathy.

ANTAGONISME

Cheri, en tant qu'épouse du manager des Doors, et Kathy, comme secrétaire au bureau, avaient une position de choix pour observer les rapports que Jim entretenait avec les autres membres du groupe.

KATHY : Il m'a toujours semblé qu'il était distant à leur égard. Je ne l'ai jamais vu se montrer impoli ou désagréable avec eux, ni leur crier quoi que ce soit. D'ailleurs je ne l'ai jamais vu élever la voix, sauf quand il chantait ou qu'il était sur scène. Avec les trois autres, il semblait composer d'une façon très... professionnelle, je dirais, comme s'il s'agissait d'une affaire, c'est-à-dire agir aussi vite que possible et en gardant une distance. D'après moi, c'est comme ça qu'il se comportait avec les Doors.

Même en public. Si, pour une raison ou une autre, on se trouvait tous ensemble dans une soirée, une réception, ou autre, il ne conversait pas avec eux d'une façon vraiment personnelle, si tu veux.

CHERI : Mais quand ils montaient sur scène, il tenait absolument à ce qu'on les présente comme les Doors, non pas comme Jim Morrison et les Doors. Il accordait beaucoup d'importance à ça. Cela dit, je les revois,

Cheri, lors d'une répétition des Doors en 1970.

eux ici, et Jim là-bas, comme s'il y avait une ligne invisible entre eux. J'avais le sentiment que les trois autres formaient un ensemble et que Jim ne faisait pas partie de cet ensemble.

KATHY : Je pense qu'il y a toujours eu un certain antagonisme. Ils ne savaient jamais ce que Jim ferait. S'il allait arriver au concert à temps. Et, si jamais il arrivait, ils ne savaient pas s'il serait saoul ou quoi. Ça les insécurisait énormément de ne pas savoir d'où proviendrait leur prochain chèque. Je pense que leurs rapports se sont progressivement résumés aux affaires...

CHERI : Il y avait leur responsabilité aussi. C'est-à-dire qu'ils devaient donner des concerts et ils ne savaient jamais comment, ni dans quel état, Jim allait se présenter. En général, il arrivait, mais souvent assez tard, au dernier moment. On se demandait tous : « Merde, où il est ? Est-ce qu'il va venir ? » Je pense qu'ils montaient sur scène assez contrariés parfois, et qu'ils vidaient leur rancœur durant le spectacle. À mesure que les mois passaient, je sentais une scission entre Jim et les trois autres.

KATHY : Au fil des années aussi, quand le groupe est devenu une grosse histoire, brassant de grosses affaires, leur attitude a changé. Jim aurait voulu que ça demeure plus intime, que les Doors composent de nouvelles chansons, que ses paroles apportent un changement quelconque, sous une forme ou sous une autre, et qu'il y ait des rapports personnels plus étroits entre lui et les trois autres d'abord, puis entre eux et le public. Il a toujours souhaité ça. Mais quand on joue dans des salles de plus en plus vastes, on perd cette intimité, pas seulement avec le public, vis-à-vis de son propre répertoire aussi. Jim luttait constamment contre ça. Pas les trois autres, parce qu'ils voyaient là un moyen de faire de meilleures affaires. L'argent n'intéressait pas Jim comme il importait aux autres.

CHERI : C'était un artiste. Ce qui l'a le plus contrarié, je pense, c'est lorsque les Doors ont permis à Buick d'utiliser « Light My Fire ». Je me souviens que le ressentiment était profond. Si Jim avait un jour gueulé, ç'aurait été cette fois-là. Il n'a pas crié mais, pour moi, c'était presque comme si on avait coupé le courant. C'était la goutte qui fait déborder le vase.

Je ne suis pas sûre qu'il ait encore eu de l'amitié pour Robbie, Ray et John après cette histoire. Il a dû sentir que leurs objectifs étaient différents ; ils s'intéressaient aux affaires, à l'argent, et ils étaient prêts à sacrifier une partie de leur art pour de l'argent. Jim ne voulait pas sacrifier son art à quoi que ce soit.

VENTRIPOTENT

Il cherchait à donner au public ce que le public, à son avis, attendait de lui, et je pense qu'il a donné tout ce qu'il avait à offrir. C'était comme si les salles avaient été des lieux où il partageait son moi profond avec tout le monde. Ça rendait les gens fous de joie, ils adoraient ça. Et puis, les choses ont évolué au point où il ne savait plus pourquoi il faisait ça, ni ce que les gens attendaient vraiment de lui.

Je me rappelle une fois, juste avant le concert de Long Beach, nous étions assis en coulisses. À l'époque, il n'y avait pas, dans les loges, tous ces gens qu'on y croise aujourd'hui. On était assis, Jim et moi, et on entendait la foule crier : « Jim, Jim, Jim ! » Il a tourné la tête vers moi et il a dit : « Qu'est-ce qu'ils attendent ? Je ne sais pas ce qu'ils veulent que je leur donne. »

Je crois qu'il souhaitait simplement qu'on l'apprécie pour l'être humain qu'il était mais, en même temps, il savait que tous ces gens n'étaient pas capables de voir en lui un homme comme les autres. Ils ne parvenaient pas à distinguer le spectacle de l'homme qui donnait ce spectacle. C'est ce qui l'a amené à se laisser pousser la barbe, à devenir ventripotent, et à se dire : « Voyons maintenant s'ils me prendront comme ça. »

MÉCONTENTS DU STATU QUO

KATHY : Sa personnalité était vraiment binaire, si tu veux ; il y avait, d'une part, le personnage qui paraissait sur scène et, d'autre part, il y avait Jim « lui-même », ce qu'il était réellement en tant qu'individu. Les journalistes ne voyaient que le personnage, parce que c'était ça qu'il leur montrait. Et à mesure que sa célébrité grandissait, que ses faits et gestes les plus scandaleux, sur scène et ailleurs, étaient rapportés dans les journaux, le phénomène a pris une telle envergure qu'il a voilé complètement l'autre aspect de sa personnalité. Il n'y avait plus moyen, pour lui, de revenir en arrière ni de se racheter.

Il faisait en sorte que les gens soient gênés, mécontents du statu quo. Et il y parvenait. Il y parvenait même si bien que certains lui en voulaient pour ça et n'écoutaient plus ce qu'il avait à dire.

CHERI : Oui, mais les fans aimaient qu'il bouge, qu'il brusque les choses, qu'il apporte des changements.

KATHY : Les fans étaient très jeunes, essentiellement des ados, ils écoutaient ce qu'il disait, mais ils se foutaient qu'on ébranle ou non le statu quo. Ils voulaient entendre quelque chose de neuf et de différent. Le monde tel qu'il était, tout ce qui se passait alors, les frustraient énormément.

AMSTERDAM EN 68

CHERI : Je n'ai jamais considéré Jim comme un drogué, mais j'ai toujours pensé qu'il était alcoolique. Je n'aurais peut-être pas dit carrément : « Voilà un alcoolique », mais je savais qu'il buvait beaucoup trop et que l'alcool était son problème.

Nous étions à Amsterdam, assis parmi la foule, en train d'écouter Jefferson Airplane et, tout à coup, Jim se pointe sur scène et exécute sa petite danse du serpent. Tout le monde était ravi, la foule trouvait ça merveilleux, mais on voyait bien qu'il ne se dominait pas vraiment. Quand l'Airplane s'est arrêté de jouer, je suis allée dans les coulisses, et Jim s'est mis à vomir pour de bon.

Tout le monde autour disait : « Merde, il est malade », et on se poussait un peu pour l'éviter. Billy se demandait quoi faire, et il a pensé qu'en lui donnant de l'oxygène, ça le remettrait sur pieds. Je sentais bien que Jim ne se remettrait pas si vite, mais Billy pensait toujours que... je ne sais pas... Bref, les ambulanciers sont arrivés, ils ont estimé que l'oxygène ne suffirait pas et ils l'ont emmené à l'hôpital.

Le lendemain, les autres Doors sont allés où ils devaient jouer ; Billy et moi sommes restés là, ensuite on s'est rendus à l'hôpital, on a vu Jim, et on a parlé au médecin qui a dit : « Le foie de ce type-là est en très mauvais état. S'il continue à boire, il ne vivra pas. »

C'était en septembre 1968.

Page de droite : Jim chante « Wishful, Sinful », à New York, en mai 1969.

Je leur ai finalement demandé : « Comment était-il vraiment ¿ »

KATHY : Je ne pense pas qu'on puisse savoir qui est *vraiment* quelqu'un, même si on le connaît bien, et depuis longtemps. Si je me fie à ce que je savais et sentais, je peux dire que Jim était un véritable ami ; il était aimable, charmant, extraordinairement généreux, il voulait donner tout ce qu'on désirait, tout ce qu'on lui demandait, et il aimait ça encore plus lorsqu'il pouvait nous l'offrir.

Quand il apprenait que j'allais être seule en ville pendant quelque temps, il me disait : « Si tu as besoin de quoi que ce soit, appelle-moi. Si tu dois faire ci ou ça, tiens-moi au courant. » Il faisait en sorte que je sache qu'il était là, à mon service, si j'avais besoin de lui.

Jim est probablement l'une des personnes les plus intelligentes que j'ai jamais rencontrées. Il était formidablement instruit et cultivé. Mais sa forme d'intelligence dépassait la simple érudition. Il y avait chez lui une sorte de curiosité philosophique qui n'a rien à voir avec ce qu'on apprend dans les livres. Une espèce de sagesse et une maturité intellectuelle qui vont au-delà des diplômes universitaires.

CHERI : Un savoir, je dirais.

KATHY : Et une curiosité aussi, vis-à-vis du monde, bien plus grande que celle de tous les gens que je fréquentais à l'époque. Ça ne tenait pas seulement aux études qu'il avait faites à l'UCLA, ou à ce qu'il avait appris dans les livres, ceux qui lui appartenaient comme ceux des autres, et il en avait lu une quantité ; c'était une sorte de connaissance intime, très poussée, dont la plupart des gens de cet âge, à l'époque, n'avaient pas la moindre idée encore.

Parfois, quand je tapais ses poèmes au propre, il m'arrivait de tomber sur un mot que je ne connaissais pas, et je lui demandais ce que ça voulait dire. Alors il en retraçait l'histoire. Si le mot s'appliquait à quelque chose de précis, il évoquait le contexte historique dans lequel ce mot était apparu, de sorte que j'avais ensuite une bonne idée de ce qu'il signifiait vraiment, dans l'espace et dans le temps. Ce type de connaissance, tu vois, cette sorte de culture.

CHERI : Tout à fait d'accord, il était extrêmement intelligent. En plus, il était doux et amusant. Je me sentais protégée en sa présence, je ne sais pas ce que ça veut dire, mais d'une certaine manière je me sentais en sécurité.

Je me souviens être arrivée un jour au bureau, j'ai ouvert la porte, je suis entrée, il y avait plusieurs personnes assises sur le canapé, Jim était là et il a dit : « Regardez-la, elle apporte le soleil dans la pièce. » Il avait l'habitude de dire des choses charmantes comme ça.

C'est l'être humain le plus formidablement charismatique que j'ai jamais rencontré, et je n'en rencontrerai probablement aucun autre de cette force. Une fois, j'ai entendu quelque part l'expression « étoile filante », tu sais, à propos de gens qui surgissent tout à coup, qui font ce qu'ils ont à faire, et qui disparaissent. Du jour où j'ai entendu cette expression, j'ai su, sans doute possible, qu'elle s'appliquait à Jim.

Comment expliquent-elles l'attrait de Jim pour les bords et les extrêmes ?

KATHY : Je pense qu'il cherchait naturellement les émotions fortes... mais il avait un dessein. Je crois qu'il cherchait ce type d'émotions afin de pousser ses expériences aussi loin qu'il pouvait. Elles tendaient vers un but, plutôt qu'elles ne s'inscrivaient dans un processus d'autodestruction irréfléchi. Je n'ai jamais senti que... Je ne pense pas qu'il était autodestructif dans ce sens-là. Lorsqu'il mettait sa personne en danger, il avait véritablement un but, je pense. Quel était ce but ? Ça, je l'ignore.

CHERI : Le jour de ses vingt-cinq ans, on descendait ensemble l'escalier du bureau des Doors et il m'a demandé : « Bon, j'ai réussi à me rendre jusqu'à vingt-cinq ans, penses-tu que je vais tenir jusqu'à trente ? » Et on savait tous les deux qu'il ne tiendrait pas à jusqu'à trente.

Jim entouré de fans après un concert à Los Angeles, en 1967.

Une fessée cosmique

... il venait de lui donner quelque chose dont elle se rappellerait toujours, il lui avait donné ce qu'elle avait cherché, il lui a donné une sorte de petite fessée cosmique.

Photographe, peintre et auteur, Leon Barnard mène toujours l'existence libre et sans attaches qui était la sienne avant de rencontrer Jim Morrison et d'exercer, pour un temps, l'emploi de publiciste pour un groupe de rock and roll. « Depuis, les choses n'ont pas beaucoup changé », dit-il. Leon mène toujours une vie très simple.

Leon à son pupitre au bureau des Doors en 1969.

Page de gauche : Jim au Hollywood Bowl, en juillet 1968.

J'avais un studio à Long Beach, en Californie, et Charlie Hawkins, un de mes amis, est arrivé un jour avec un ami à lui, Bill Siddons, chacun sur sa moto. Je venais d'être mis à la porte du studio, il fallait que je m'en aille, alors j'avais acheté des billets pour partir en Europe le lendemain, le 1er avril 1968.

On a bu de la bière tous les trois, on a fumé un peu de dope, on a rigolé quelques heures et, au moment de partir, Bill m'a dit que la prochaine fois on se reverrait peut-être au Danemark, parce qu'il devait y aller en septembre. Alors je lui ai donné mes coordonnées, je lui ai demandé de m'appeler quand il serait là, et il m'a remis sa carte où était inscrit : *The Doors, Management*. J'hallucinais. « Tu t'occupes des Doors ¿ » On l'avait embauché deux semaines avant. Il a dit : « Le groupe effectue sa première tournée européenne en septembre. » Alors, pour rire, j'ai dit : « Ouais, je vais faire votre publicité », entendant par là que j'allais circuler et parler de ça à tous mes amis.

Je l'ai appelé le lendemain pour lui dire que j'aimerais vraiment m'occuper de la publicité du groupe, le représenter, etc. Je pensais que si je faisais du bon boulot, ils me laisseraient entrer dans les coulisses, on me donnerait des billets gratuits, je circulerais en limousine, ce genre de truc.

Bill invita Leon à foncer et lui remit des dossiers de presse.

Durant les trois mois suivants, je me suis promené à Copenhague, pieds nus, en short et en T-shirt, me présentant à tout le monde comme le délégué des Doors en Europe. Et quand je disais ça, j'y croyais vraiment, je m'imaginais être véritablement le représentant des Doors et, du coup, je le devenais.

Leon obtint quelques résultats et envoya de longues lettres au bureau, narrant avec humour ses aventures et les contacts qu'il avait noués.

Ensuite je suis allé en Suède, puis en Allemagne, finalement je suis arrivé en Angleterre et j'ai fait du stop jusqu'au Roundhouse Chalk Farm *(une grande salle en forme d'arène couverte)*. Et quand je suis arrivé au Roundhouse, Bill s'est tourné vers moi, m'a aperçu et m'a ouvert les bras,

Asbury Park, 1968.

on s'est embrassés, il a posé les mains sur mes épaules et il a dit : « Les gars t'aiment beaucoup, tu sais. Tiens, voilà du fric, leur limousine est garée devant, on est au Royal Lancaster Hotel. Tu fais la tournée avec nous. » Les Doors étaient en train de répéter sur scène. C'était la première fois que je les voyais, et la première fois que je voyais Jim Morrison.

Le lendemain, on était sur le trottoir devant l'hôtel, les limousines attendaient pour nous emmener à la répétition. J'étais en train de lire *Melody Maker* et, tout à coup, je vois les bottes de cow-boy, puis les pantalons de cuir, la chemise blanche brodée et, en relevant la tête, j'aperçois le visage angélique de Jim Morrison. Nos regards se sont croisés et il m'a tendu la main : « Bonjour, je suis Jim. » Alors moi : « Je m'appelle Leon. » « Oh, tu es le type de Copenhague, viens, monte, j'aimerais que tu me parles des Danois. »

Alors j'ai fait le trajet avec lui et avec Pam. Il m'a questionné durant vingt bonnes minutes sur le Danemark. Ensuite, parce que j'étais pieds nus, il m'a demandé si je portais parfois des chaussures. Il voulait savoir si j'avais froid comme ça, si je m'étais déjà coupé en marchant. Il était vraiment intéressé à savoir qui j'étais, ce que je faisais, et à partir de là, une sorte d'amitié s'est installée entre nous. Il y avait chez lui une sincérité, une véritable franchise, une authenticité.

LA DÉMARCHE ET L'EXPRESSION

Jim vivait dans ses bottes de cow-boy ; parfois il dormait avec. Il portait des pantalons de cuir serrés qui restreignaient un peu ses mouvements et, comme tu sais, lorsqu'on porte des bottes de cow-boy, on a tendance à flâner plutôt qu'à faire de grands pas. À la limite, je comparerais sa démarche à celle d'une geisha serrée dans sa jupe. Il flânait donc à petits pas. Pendant que les autres marchaient normalement, Jim Morrison, lui, glissait en douceur, soulevant à peine ses pieds du sol. Jim ne courait pas pour monter dans les avions – il

Jim se tenait souvent aux côtés de Ray ou de Robbie et suivait leurs doigts sur le clavier ou sur la guitare. C'était comme s'il voyait les notes apparaître.

n'était jamais pressé –, il n'estimait pas qu'il y avait urgence, jamais.

Mettons que je parle à 80 km/h. Jim, lui, parlait probablement à 40 ou 45 km/h. Le type s'exprimait lentement. Il avait des gestes méthodiques, précis, calculés en un sens. Il était très conscient des mots qu'il employait, de l'impact qu'ils pouvaient avoir, et il les choisissait avec soin, avec beaucoup de réflexion, puis il les prononçait lentement sur un ton légèrement rêveur.

INTERVIEWS

Leon organisait les rencontres avec la presse et assistait aux interviews, au cas où les choses tourneraient mal.

D'après moi, l'une de ses meilleures entrevues, c'est celle avec Tony Thomas de la CBC. Tony a commencé d'une manière très professionnelle. Il portait un costume d'homme d'affaires. Il nous a indiqué où nous asseoir, à Jim et à moi, et comment nous asseoir, et comment tirer le fauteuil en avant.

Il a débuté en disant : « Votre nouveau recueil de poèmes... » Et dès l'instant où il a prononcé ces mots-là, Jim a dressé l'oreille. On sentait qu'il ronronnait. Tiens, ce type veut parler de mes poèmes et non pas forcément de disques, de concerts ou de peines de prison. Il y eut une entente immédiate. Une sorte de respect mutuel.

Tony Thomas : Jim, au premier vers de votre nouveau recueil de poèmes, on lit la remarque suivante : « Regarde ce que nous adorons. » Qu'est-ce que les jeunes adorent aujourd'hui ? En quelles choses croient-ils ? Qu'est-ce qui les passionne, que souhaitent-ils ?

Jim : Bon, je ne veux pas parler pour toute la jeunesse, mais on peut supposer qu'il s'agit des mêmes choses que la jeunesse a toujours aimées et vénérées, une sorte de joie de vivre, la découverte de soi, la liberté, ce genre de valeurs.

UN ORGASME COSMIQUE

Mais les interviews ne se déroulaient pas toujours aussi bien.

Un jour, Lita Elisque est venue de New York pour le rencontrer. On a fixé un rendez-vous au Garden District et elle a commencé par les questions usuelles. Ensuite, elle a posé une question à propos des pantalons de cuir et sur le personnage que Jim représentait, ce qui l'a menée à parler des activités de Jim dans l'intimité. Alors il a répondu : « Oui, bon, j'aime bien me brosser les cheveux de temps en temps. » À ce moment-là, les yeux d'Elisque se sont illuminés. Elle préparait son article pour le magazine *Look*, mais elle s'est rendu compte, tout à coup, qu'elle pourrait peut-être le diviser en deux parties et en présenter une au *Village Voice*.

Alors, elle s'est mise à poser un tas de questions provocantes à propos de la vie sexuelle. Jim a commencé à lui raconter des histoires, à en inventer, c'est-à-dire qu'il s'est mis à raconter des trucs que j'étais absolument incapable d'imaginer. Et il a continué comme ça durant quinze bonnes minutes. Elle lui a demandé avec combien de filles il avait couché. Il a répondu : « Quelque chose comme mille. » Ensuite elle a demandé : « Et, sur mille, combien d'orgasmes cosmiques ? » Et il a dit : « Un seul peut-être, sur mille filles. »

Bref, il lui a donné plein d'informations juteuses dans ce genre-là, et quand il est arrivé à la fin, il a tendu le bras et il a attrapé le magnétophone. Elle s'est mise à protester, mais il a retiré la bande et me l'a tendue. Elle criait : « Toi, fils de pute, je vais te poursuivre, j'ai un copyright là-dessus. » Alors Jim m'a dit : « Leon, peux-tu me promettre d'effacer ça et de lui restituer la bande ? » « C'est comme si c'était fait. » Et elle gueulait : « Enfant de chienne ! » Je suis rentré au bureau, j'ai effacé la bande, je l'ai rapportée au Beverly Hills Hotel et je la lui ai rendue. Elle n'avait plus rien à écrire, sinon ce qui lui restait en mémoire. J'ai senti qu'il venait de lui donner quelque chose dont elle se rappellerait toujours, il lui avait donné ce qu'elle avait cherché, il lui a donné une sorte de petite fessée cosmique.

Jim attend de franchir les douanes canadiennes.

Jim était un fameux publicitaire, un des plus grands agents de presse au monde. J'avais l'habitude de dire aux gens qu'il était son propre attaché de presse. C'est lui qui lançait les idées, et moi, j'étais plus ou moins l'émissaire, ou le messager si tu veux, de ces idées-là.

J'aimais quand il disait : « Oh, oh, j'ai une érection cérébrale, là. » Alors il portait les mains à sa tête, il venait d'avoir une idée de poème ou de chanson, et puis il rigolait. C'est le rire, après, qui était merveilleux.

Il avait demandé qu'on lui procure un bureau, mais on remettait toujours ça à plus tard. On s'en foutait un peu, parce qu'on ne comprenait pas l'importance que ça pouvait avoir pour lui. Enfin, un jour, Bill et Kathy sont allés en acheter un. Le mien était massif, quoique miteux et défraîchi, celui de Bill était plutôt grand, quant à celui de Kathy, il était de dimension idéale. La seule chose que, sur le coup, on a trouvée pour Jim, c'est un pupitre d'écolier.

On y a placé son téléphone personnel, un stylo, un crayon, enfin tout, de manière à ce qu'il ait un petit espace à lui, où il puisse s'asseoir, rédiger ses notes, faire ses appels, et il semblait prendre la chose très à cœur. Comme si c'était son seul pied à terre. Il n'avait pas de voiture à l'époque, ni de maison, ses seules possessions étaient les choses qu'il portait sur lui à ce moment-là. Mais le pupitre était véritablement à lui et, à l'occasion, quand il dormait au bureau... Bon, il y avait un canapé très confortable au bureau, et le premier qui arrivait prenait le foutu canapé ; si j'arrivais le premier, c'est moi qui l'avais, alors il se roulait en boule, par terre, sous son petit pupitre.

Et quand d'autres personnes s'asseyaient à son pupitre, il avait d'abord un geste, une petite réaction de défense, si tu veux, et puis il laissait faire, un peu comme s'il accordait une faveur à un ami. On aurait dit qu'il revendiquait vraiment cette modeste possession.

Page de droite : Jim lors d'une manifestation antimilitariste à Venice, Californie, en 1969.

Il passait pas mal de temps à ce bureau lorsqu'il était en ville. Il griffonnait, téléphonait, il lisait le courrier des fans, rédigeait des notes. Son pupitre était situé juste en face de celui de Kathy, de sorte qu'il pouvait communiquer directement avec elle et discuter de la manière de taper ses poèmes. Comme ça, il participait à la vie du bureau, ça lui donnait l'impression de faire mieux partie de la bande, ça créait une camaraderie.

Le rez-de-chaussée, en revanche, appartenait aux Doors, c'était leur territoire, leur atelier, et durant les deux années où j'ai côtoyé Jim *(de septembre 1968 à juin 1970)*, j'estimais qu'il travaillait avec les autres dans un climat quasi conflictuel.

Je pense que cette tension, entre Jim et les trois autres, venait notamment de l'image de rebelle qu'il projetait, mais aussi de ses frasques sans doute. Il n'y avait plus cette amitié qu'ils avaient sans doute partagée dans les premiers temps. Il leur en voulait pour quelque chose. Ils arrivaient ensemble, jouaient quelques heures, mais après les répétitions, ils ne restaient jamais bien longtemps, l'endroit ne les inspirait pas des masses. Ils se disaient plutôt : « Bon, faisons le truc

ensemble, mais après je vais retrouver ma bande, et toi, tu vas où ça te dit. »

On sentait parfois cette animosité se manifester sur scène aussi, une sorte d'humeur montait qui... que Jim suscitait de temps à autre. Il aimait bien les provoquer.

En tournée avec les Doors.

De gauche à droite : Tony Funches, Jim, Leon et Kathy.

QUITTER TOUT ÇA

Bien que Jim s'intéressât à la vie des autres dans le détail, il n'évoquait que rarement son propre passé. Il était difficile de le faire parler d'autrefois, mais il disait volontiers comment il envisageait l'avenir.

Le jour où nous avons déjeuné ensemble, Jim, Kathy et moi, au Garden District, c'est la dernière fois que je l'ai vu. Il a parlé de changement d'identité, du fait qu'à vingt-sept ans, il avait mûri, qu'il voyait les choses autrement. J'ai eu l'impression qu'il était plus proche du Jim Morrison adulte qu'il souhaitait devenir, et qu'il en avait assez de jouer pour des « mâcheurs de chewing-gum » (c'était son expression). Il y avait un peu de tristesse là-dedans ; il sentait qu'il n'était pas apprécié à sa juste valeur en tant qu'intellectuel, ou comme poète. Il a dit qu'un groupe de rock devait durer à tout casser cinq ans, et que les Doors avaient atteint ce point-là. C'est pourquoi, par la suite, j'ai eu l'impression qu'il avait songé à disparaître, parce qu'on peut faire ça durant cinq ans, mais après on devient comme tout le monde.

Il a dit que Pamela était la seule femme qu'il ait jamais eue dans la peau, qu'elle était sa compagne cosmique. Il la voyait comme son homologue féminin cosmique. Il avait l'impression de ne pas pouvoir vivre sans elle, elle était la femme vers qui il revenait invariablement, elle était son complément existentiel, il envisageait de se rendre à Paris, d'écrire des scénarios et d'abandonner le personnage de superstar qui, d'après lui, avait trouvé son aboutissement. Être capable de tourner le dos à la vie qu'on a connue et quitter tout, oui, je vois ça comme un acte existentiel.

Chris Boyle a vu les Doors la première fois à Tulsa, alors qu'il tirait sa dernière année à l'école, et il écrivit un papier à leur sujet dans le journal des élèves. Après s'être installé en Californie, il continua à s'intéresser à la musique et au journalisme. Tous les jours il appelait Leon au bureau pour faire des suggestions et proposer ses services. Un jour, on l'embaucha.

CHRIS : J'ai rencontré Jim le 8 octobre 1967, lors du concert au Tulsa Civic Center Auditorium, tout juste une semaine après leur passage au *Ed Sullivan Show*. J'étais derrière la scène, et Jim, en entrant dans la loge, s'est tourné vers moi et m'a dit : « Nous aimerions être seuls maintenant. » Alors j'ai refermé la porte et je me suis éloigné, en constatant qu'il avait dit *nous* alors qu'il était seul. Aujourd'hui quand j'y repense, j'estime qu'il avait raison. Il y avait effectivement plusieurs *je* dans la personne de Jim Morrison. Il n'y avait pas qu'un être ou un seul esprit dans ce corps-là. Il était auteur, lecteur, poète, compositeur, chanteur, artiste, rock star, mythe et chaman...

BUCK OWENS

En jeune homme intelligent et attentif qu'il était, Chris observa Jim Morrison avec un intérêt tout particulier durant les mois où ils se côtoyèrent au bureau.

Jim était une véritable éponge. Il absorbait tout – les livres, les mots, les chansons, les informations, la vie, la mort, le sexe, la dope, l'alcool. Il absorbait tout et s'en servait pour alimenter sa propre puissance créatrice.

Une fois, en rentrant de New York, il a rapporté une boîte en carton pleine de disques qu'il venait d'acheter. Kathy, Leon, Bill et moi travaillions au bureau ce jour-là, et Jim m'a demandé de choisir un disque et de mettre de la musique. Je ne voulais pas le décevoir, bien sûr, mais j'espérais aussi un peu le faire halluciner. Alors j'ai cherché quelque chose de bizarre et de plutôt rugueux. D'abord, je suis tombé sur un disque intitulé *No Ambulance Tonight Niggers (Pas d'ambulance ce soir pour les nègres)*. J'hésitais. Ensuite, j'ai vu *Buck Owens and the Buckaroos, Live in London*. Je me suis dit : c'est ça. Et j'ai mis la musique.

Jim a dit : « Augmente le volume. » Je l'ai monté et il a crié : « Plus fort, Chris. » Bill Siddons, le premier, a commencé à râler. Depuis son refuge dans la pièce d'à-côté, il criait : « Êtes-vous sûrs de faire assez de bruit, les gars ¿ Il y a du monde qui essaie de travailler ici. » Et il a claqué la porte de son bureau. Jim a rigolé, je ricanais un peu, mais Kathy et Leon avaient plutôt l'air emmerdé. Tout à coup, Bill est sorti de son bureau en annonçant qu'il allait manger. Leon a dit qu'il était incapable de supporter ça plus longtemps, et qu'il s'en allait aussi. Et il est parti manger avec Kathy. Il ne restait plus que Jim, moi, et Buck. Et Jim répétait : « Plus fort, Chris, plus fort. »

Je suis allé dans le bureau de Bill et j'ai pris des bières dans le réfrigérateur. On a fait jouer le disque de plus en plus fort et on chantait les paroles en même temps, jusqu'à ce qu'on les sache par cœur.

Le meilleur, c'est quand Buck, dans le dernier titre, ralentit le rythme, comme dans les gospels, et qu'il se met à parler de sa grand-mère mourante qui lui demandait de chanter cette chanson. L'intro et la suite sont vraiment pathétiques, tristes au possible. Jim et moi, on avait nos bras sur les épaules l'un de l'autre, on répétait ce que Buck disait et on chantait avec lui. Surprenant à quelle vitesse Jim avait mémorisé les vers.

LÈVE-TOI ET FAIS QUELQUE CHOSE

Il n'y a plus de danseurs, de possédés. La répartition des hommes entre acteurs et spectateurs est le phénomène capital de notre époque. Nous sommes obsédés par les héros qui vivent pour nous et que nous châtions. Si toutes les radios et télévisions étaient sevrées de ce qui fait leur puissance, si tous les livres, si toutes les peintures étaient brûlés demain, si tous les spectacles et les cinémas étaient fermés, tous les arts substituts de la vie...

La seule réception de sensations nous comble. D'un corps fou dansant sur le flanc des collines, nous avons été métamorphosés en une paire d'yeux brillant dans l'ombre.

(Extrait de *The Lords*)

À Tulsa, quand j'ai vu Jim en spectacle, il a pointé du doigt quelqu'un dans la quatrième rangée, en disant : « Eh, toi, là-bas. » Il a lancé son rire sardonique, et il a ajouté : « Toi, là-bas, t'es tout seul, tu voudrais danser et personne ne peut rien pour toi. » Et il a ri encore, sans en dire plus.

Aujourd'hui, en y repensant, je me rends compte qu'il ne parlait pas juste à ce type-là ; au fond, il s'adressait à toute une génération. Il soulignait le fait que les gens se contentent d'être assis, de regarder, de se laisser distraire, et ils s'imaginent que vivre, c'est ça. Que ça suffit. Pour lui, c'était de la connerie d'agir comme ça. À son sens... Il faisait tout l'inverse, il était celui qui portait sa parole aux autres. Il voulait... Il était un corps fou dansant sur le flanc des collines, et non pas une paire d'yeux brillant dans l'ombre. Son message, c'était : lève-toi et fais quelque chose.

Page de droite : Durant les concerts de 1967, comme celui-ci à Tulsa, en Oklahoma, Jim était littéralement emporté de la première note au dernier accord.

La liaison qu'on a eue

... ils se ruaient vers la scène et il fouettait l'air avec son micro, comme un dompteur, en leur criant : « Taisez-vous ! Assis ! »

A un moment ou l'autre de leur séjour dans la Ville des Anges, tous les protagonistes de cette histoire, Jim compris, ont vécu dans les collines qui surplombent le Laurel Canyon Boulevard et qui s'étendent tout autour. En traversant le canyon pour me rendre chez Eva, je remarquai qu'on avait griffonné un graffiti sur les murs de la maison où Jim et Pamela ont habité, derrière l'épicerie de campagne dont il est question dans « Love Street ». La maison était en réparation, ou en rénovation, et par endroits les poutres étaient visibles. En larges lettres blanches, il était peint : MR. MOJO RISIN'.

Dans sa Hongrie natale, Eva avait fréquenté la faculté de droit. Elle s'installa aux États-Unis en 1967, après avoir épousé Franck Gardonyi, un réalisateur de documentaires qui avait fui la Hongrie durant les troubles de 1956. Jim, comme nous tous, était charmé par la beauté et le naturel d'Eva, tout à fait typiques de l'Europe Centrale. Il se sentait à l'aise en présence de cette femme instruite qui avait beaucoup voyagé, et qui voyait en lui un admirateur de plus, en même temps qu'un ami.

Eva apprit à lire l'anglais dans des illustrés et des romans pornographiques, c'est dire que sa maîtrise de l'anglais idiomatique a toujours été surprenante, et cela, même dans les années 60, quand elle commençait à peine à parler notre langue. Je ne peux pas rendre le timbre rauque et sensuel de sa voix, non plus que son accent hongrois si fascinant, mais je reproduirai ses mots et ses phrases comme elle les prononce. La syntaxe en souffrira un peu, mais il s'agit ici de transcrire une conversation où Eva s'exprime avec une fraîcheur merveilleuse. Je lui ai d'abord demandé de me raconter sa première rencontre avec Jim.

Eva, en 1970.

Je me souviens l'avoir trouvé très timide et très autocensuré de sa personne. C'était bizarre, parce qu'avant de le rencontrer j'avais entendu des tas d'histoires à son sujet et je m'attendais à rencontrer un type complètement dingue et hors de lui. J'étais surprise de le découvrir si calme et observateur. Il regardait partout, il examinait, il vérifiait tout ce qui se passait.

À l'inverse des Américains, qui sont habituellement très ouverts, et bien qu'il ait eu une présence inouïe, son attitude était celle d'un homme très très timide, il parlait très peu, et toujours comme s'il était en retrait. J'avais entendu dire qu'il faisait plein de trucs scandaleux, et j'attendais le moment où il allait se mettre à pisser par terre, ou quelque chose du genre, ce qui est arrivé jamais. En fait, vous êtes venus chez nous, tous les trois, à quelques reprises, et pas mal bourrés de toute évidence, mais jamais vous n'avez fait de trucs insensés, ce qui me surprenait beaucoup d'ailleurs, je n'en revenais pas.

DEUX VALISES

Je me demande si tu as jamais su à propos de... nous deux vivant ensemble.

En fait, personne ne savait vraiment qu'il était ici. Lorsque Franck est parti *(Franck, le mari d'Eva, fit un jour ses bagages et partit pour le Mexique, mettant ainsi fin à leur relation. Quelques semaines plus tôt, Pam était partie pour l'Europe, laissant Jim seul à Los Angeles...)*, le même soir, Jimmy s'est installé ici et il a habité avec moi durant six à huit semaines.

Franck était donc parti, un après-midi vers cinq heures, et à onze heures, on frappe à la porte. J'ouvre, et je vois Jimmy devant moi qui portait deux valises. Et le taxi qui s'en allait. C'était assez drôle... avec deux valises... parce que, comme tu sais, il voyageait toujours sans rien.

Et la façon dont il s'est comporté à ce moment-là, il devait avoir bu pas mal, ou je ne sais pas ce qu'il avait pris, mais assez en tout cas pour avoir le cran de faire ça. Dès que j'ai ouvert la porte, il l'a bloquée avec le pied, comme s'il doutait que je le laisse entrer, et il m'a fait reculer jusqu'à la chambre, en répétant : « Je t'aime, je t'aime », sans arrêt, jusqu'à ce que je tombe sur le lit.

C'est-à-dire qu'il a laissé les valises quelque part dans le salon, en passant, et ça s'est terminé dans ma chambre, mais c'était beaucoup de culot.

Je ne m'étais jamais rendu compte qu'il s'intéressait à moi, parce qu'il se conduisait toujours comme un courtois. Aucun signe de sa part, que je l'intéressais dans ce sens-là.

J'étais surprise, j'étais flattée, et j'étais *stone*. Alors je ne sais pas, tout ça mis ensemble, oui, ça m'a étonnée. Qu'il ait saisi l'occasion, qu'il ait eu le cran de faire ça et qu'il ait prévu le coup, parce qu'il avait quand même ses valises.

Il a dit qu'il en pinçait pour moi depuis longtemps, ce que j'ignorais, mais...

Bon, je flirtais un peu. Mais je flirtais avec tout le monde en fait.

C'était vraiment bien d'être avec lui, parce qu'il était généreux. Il partageait son temps, il accordait son attention. Il était très présent, il écoutait, il discutait et ce n'était pas des conversations superficielles.

Il aimait bien jouer au couple en ménage. Ça lui plaisait. Plusieurs fois, il a dit que c'était charmant de pouvoir manger comme ça, de rester à la maison, simplement de fermer la porte et... oui, il aimait ça.

Le mode de vie à nous consistait surtout à ne pas voir d'autres gens. Quand on avait un peu de temps pour être ensemble, on n'allait pas faire la noce, parce qu'il travaillait à son maudit album. Il passait tous ses après-midi au studio, et après il rentrait. Parfois très tard ; alors on restait debout jusqu'à quatre ou cinq heures du matin et on attendait que le soleil se lève.

UN ÊTRE MORAL

Cette liaison qu'on avait l'inquiétait terriblement, parce qu'il avait de l'amitié pour Franck. Il était très gêné à son égard, même si Franck avait pris sa décision et qu'il était déjà parti. C'est la raison pourquoi il voulait qu'on reste discrets, il culpabilisait d'une manière amusante. Il était très moral. Tu sais à quel point il l'était. Il faisait plein de trucs scandaleux, mais, dans son code moral, des choses comme ça ne se faisaient pas et, comme il les faisait quand même, il n'en était pas particulièrement fier.

En même temps, il avait une nature excessive, c'est vrai, mais les deux allaient facilement ensemble, parce que ça n'a rien à voir avec le sens moral. C'est plutôt un trait de caractère, si tu veux.

TOUT INTERROMPRE

Il interrompait parfois tout ce qu'il était en train de faire, il prenait un cahier, il commençait à écrire et c'était de la poésie. Il accordait beaucoup d'importance au fait d'être poète et, apparemment, au fait de devenir un bon poète ; il estimait donc nécessaire de prendre le temps pour ça, dès qu'il en sentait le besoin.

En fait, il passait pas mal de temps à écrire, et dans ces cas-là, il était entendu qu'il écrivait de la poésie. Il m'a lu quelques-uns de ses poèmes, mais en général il ne m'en parlait pas. Notre relation se situait sur un autre plan.

Il dormait très mal, parce qu'il buvait, ça le rendait insomniaque, et il avait peur de ne pas pouvoir dormir. Dans ses états d'insomnie, alors, il écrivait.

On a fait un trip d'acide ensemble, très intéressant, mais il a écrit énormément cette nuit-là. Souvent, très souvent, il était frappé par un truc que je disais, ou qui venait d'arriver, et alors il fallait qu'il écrive quelque chose là-dessus.

Il partageait davantage sa musique que ses poèmes. Quand il rentrait, après avoir réglé ses affaires, chaque soir, la première chose qu'il faisait, c'était de mettre ses disques. Il aimait bien écouter ses disques et il les écoutait avec beaucoup d'attention, il chantait en même temps. Il adorait chanter sur sa propre musique. Je trouvais très amusant que cette musique ait conservé toute sa fraîcheur pour lui.

Il chantait aussi les morceaux qu'il enregistrait à ce moment-là, ceux du disque *L.A. Woman*. Il me demandait ce que j'en pensais mais, dans l'ensemble, il semblait plus ou moins satisfait de ça, de cette musique.

Je n'allais pas aux séances d'enregistrement. Je n'aimais pas ces trucs-là. Et puis on gardait notre aventure un peu secrète. C'était pas mal sexy, ce secret. Parfois on allait au cinéma, on faisait des promenades en auto.

PLAINTES ET CRITIQUES

Lorsqu'il rentrait après les enregistrements, il râlait un moment, il avait un tas de critiques à formuler et il était contrarié, irrité. Il rapportait ça à la maison et le partageait avec moi... ça oui.

De sa part, je n'ai jamais entendu que des plaintes à propos des trois autres musiciens. Il était mécontent et déçu par les membres de son groupe. Il s'en plaignait, il les envoyait au diable et avait hâte d'être libéré de ses engagements envers eux. Voilà, mais bien sûr, il se mêlait à ça de grandes querelles... le fait d'enregistrer durant huit, dix, douze heures. En tout cas, c'est ce que j'entendais à ce propos.

À ce moment-là, tu sais, il n'était en bons termes avec aucun d'entre eux, et il était profondément déçu par les trois.

Page de gauche : Jim écoute le solo de Ray, au Hollywood Bowl, le 5 juillet 1968.

Pages suivantes : Les Doors, accompagnés de Jerry Scheff à la basse et de Marc Benno à la guitare rythmique, durant une séance d'enregistrement du disque L.A. Woman.

Seventy

JE RIS DE ME VOIR SI BEAU EN CE MIROIR

La manière dont il se regardait dans la glace... Je pense qu'il n'était pas du tout mécontent de son allure à cette époque. Je crois qu'il se contemplait avec pas mal de satisfaction. Je veux dire qu'il n'avait pas d'inquiétude sur ce point. Je ne dis pas qu'il était vaniteux, mais il ne cherchait pas à avoir l'air séduisant à cette période de sa vie.

Et toutes ces adolescentes qui l'idolâtraient, cette image de symbole sexuel dans les revues... il écartait ça constamment. Non, vraiment... il trouvait ça ridicule, pour autant que je puisse en juger. En tout cas la manière, comment il se voyait lui, il ne parlait pas de ça. Mais il était très aimable avec les fans qu'on rencontrait. On allait quelquefois au cinéma, ou ailleurs, et quand des fans couraient vers lui pour demander une entrevue, ou juste en faisant « Jim ! Jim ! », il prenait toujours le temps d'être aimable et de soigner un peu ses relations publiques. Ça aussi c'était surprenant, il avait la patience de faire ça, et il aimait ça.

En fait, je crois qu'à cette époque-là, ça commençait à lui manquer... parce que son étoile déclinait, il pensait... il était touché qu'on l'apprécie de cette façon.

PAMELA

Parfois, quand elle était furieuse, j'imagine qu'elle l'envoyait au diable, mais jamais elle ne le traitait de mauvais poète. Ça non. Elle le voyait comme un merveilleux poète, au contraire.

Elle était vive, Pamela, et elle était... transparente comme une enfant, elle avait d'excellentes intuitions et une innocence que Jimmy aimait énormément. Une innocence enfantine. Elle éclatait de rire facilement et voyait la vie comme une enfant délicieuse, tu sais, de cette manière adorable qu'ont les enfants.

Jimmy disait d'elle : « C'était une enfant quand je l'ai connue, je me sens responsable, parce que dans un sens elle n'a pas vieilli. » Il avait l'impression de devoir prendre soin d'elle tout le reste de sa vie, pour la simple raison qu'ils avaient commencé ensemble. Elle était là quand il avait débuté avec rien et

sans l'aide de personne, elle croyait en lui et il appréciait. Je sais qu'ils avaient « crevé la dalle » ensemble, et c'était très important. Pas après qu'il a gagné de l'argent, pas quand il a eu du succès – avant. Avant ça. Ils se connaissaient bien l'un et l'autre, ils se soutenaient et, tu sais, il avait certainement des responsabilités vis-à-vis d'elle.

Il lui pardonnait beaucoup de choses. Même lorsqu'elle était impossible, il disait : « C'est une enfant douce. » D'une certaine façon, il avait besoin de prendre soin d'elle. C'était vraiment touchant. Elle était l'une des rares personnes en qui il avait assez confiance pour se mettre à nu, se découvrir complètement.

Elle lui accordait toujours beaucoup d'attention, elle lui manifestait son admiration, et Jim se montrait aussi très aimable avec elle, il avait un comportement affectueux à son endroit. Ils s'engueulaient aussi, ils avaient tous les deux leurs griefs, tu sais, comme de dire : « Tu m'avais fait ceci, alors je t'ai fait ça. »

De toute façon, ils revenaient toujours dans l'orbite l'un de l'autre, semble-t-il, après leurs petites escapades.

Pamela Courson et Jim en 1968. Les photographies de ces deux pages proviennent de l'album de photos de Pam.

Juste après le concert de Miami, Jim s'envola pour la Jamaïque, où il était prévu qu'il prendrait quelques jours de congé avec Pamela, mais ils s'étaient disputés avant qu'il ne quitte Los Angeles, et Pamela refusa de le suivre. Sur l'île, Jim séjourna seul dans une immense maison. Mis à part les serviteurs noirs à son service, il se retrouva totalement isolé. Plus tard, dans un long poème intitulé « Jamaica », il décrivit un séjour qui tourne au cauchemar.

L'heure du loup
vient de passer. Des coqs
chantent. Le monde, qui lutte
dans la noirceur, se
reconstruit.

L'enfant sombre dans le cauche
Mar, tandis que l'adulte
Craint sa peur.

Je dois quitter cette île
Luttant pour naître
de l'ombre.

(Extrait de « Jamaica », in *Wilderness*)

Un jour qu'il nous racontait la peur qu'il avait eue en Jamaïque, Pamela a sursauté et lui a reproché de ne lui en avoir jamais rien dit. Il a souri, comme tu imagines, et il a dit : « Bon, je ne raconte pas tout ce que je fais tout le temps. »

Il nous a raconté qu'on l'avait emmené là-bas, dans ce qui était apparemment un palais, ou un manoir ; il y avait des serviteurs noirs, et il a dit qu'il avait eu terriblement peur de ces Noirs-là, qui lui semblaient impénétrables, très étrangers à lui, et tout. Je pense que les autres membres du groupe se trouvaient dans d'autres maisons des environs. Ils l'ont laissé tout seul. Alors il y avait ce type, le majordome, ou le maître d'hôtel, je ne sais pas trop, en tout cas ce type noir, qui a sorti une bonne quantité de dope et qui a proposé de lui rouler un joint. Jim a comparé le joint à un cigare. Il a commencé à fumer un peu, il n'aimait pas fumer, ou plutôt il ne fumait pas beaucoup, mais ce joint l'a mis dans un état extrêmement bizarre, il s'est mis à halluciner et à penser que ces gens allaient le tuer, que ce gars lui en voulait, et tout.

Il a dit que c'était quasiment des visions. Tu sais, quand ça tourne mal avec la dope, on se met à voir tout sous un aspect négatif et effrayant. Là-bas, les circonstances ont fait qu'il s'est retrouvé tout seul dans ce manoir immense, avec une bande de rastas qui circulaient autour. Il ne savait plus comment interpréter la situation, il s'est imaginé qu'il y avait une sorte de complot, ou quelque chose du genre.

Alors il a téléphoné à Robbie, ou à John, je sais plus lequel, pour qu'on vienne le chercher, mais ces types-là ne voulaient rien savoir de lui. Ils en avaient plein le cul, ils étaient furieux de ce qui s'était passé à Miami, tout ça, et ils l'ont vraiment isolé, laissé seul, à l'écart. Il a dit qu'il avait passé des jours vraiment pénibles sur cette île. Assailli de frayeurs, contrarié, seul, et tout.

Ça avait été une expérience très éprouvante pour lui, notamment à cause de ses rapports avec ces Noirs-là, dont il se méfiait. Il ne les comprenait pas. Il a dit : « J'étais comme un petit garçon blanc qui n'aurait pas trouvé sa place dans cette histoire. »

UN SORCIER

J'avais entendu parler de sa mauvaise réputation, de l'incroyable réputation qu'on lui faisait. On m'avait en quelque sorte prévenue contre ça et, en fin de compte, jamais rien de ce genre n'est arrivé. Les seules fois où j'ai vu sa force se manifester, c'est lorsqu'il était sur scène.

Le sentiment que j'ai eu en voyant Jim sur scène, c'était celui d'une stupéfaction totale, parce que, comme je t'ai dit, j'avais rencontré un Jimmy très timide, réservé, toujours souriant, sans force visible particulière, si tu veux. Puis je l'ai vu sur scène chanter « Light My Fire » et tous ses morceaux, et l'ascendant qu'il avait sur la foule était ahurissant. Je me souviens qu'il donnait des ordres à des milliers et des milliers de personnes, elles se ruaient vers la scène, et il fouettait l'air avec son micro, comme un dompteur, en leur criant : « Taisez-vous ! Assis ! », et tout le monde regagnait son siège, comme des toutous. Je n'avais jamais vu un individu manipuler les gens comme ça, à ce point-là. Il était comme un sorcier, j'avais quasiment peur de lui, de sa force.

NE ME TUE PAS

Les gens disent qu'il était autodestructeur et racontent plein d'histoires à ce sujet-là, mais dans le fond, il adorait la vie et il avait de grandes ambitions pour l'avenir. Même que, quand je conduisais avec imprudence, il se retenait à la voiture, en disant : « Oh, ne me tue pas, tu sais comme j'aime vivre. »

Sans avenir ni passé

Je pense qu'il se sentait coincé, en quelque sorte, dans un rôle qu'il n'avait pas prévu de jouer, et c'est tout, il en était là.

Parmi tous les gens qui ont connu Jim et qui l'ont fréquenté durant les dernières années de sa vie, personne ne fut plus proche de lui que Babe Hill. Avec ses yeux malicieux, sa grosse barbe bouclée, sa solide carrure et ses cheveux blondis par le soleil tombant sur ses épaules, Babe passait souvent pour un motard plus ou moins hors-la-loi. Tout à fait le genre de type qu'on cherche pas à emmerder.

Babe travailla aux deux films de Jim, Feast of Friends *et* HWY. *Son attitude insouciante, son sens de la repartie et son intelligence aiguë correspondaient parfaitement aux attentes de Jim. Dès 1969, le duo Hill-Morrison était déjà bien en place et les complices se voyaient régulièrement.*

Mais que faisait Babe avant de se lier à Jim ?

Ci-dessus :
Babe Hill, en 1970.

Page de gauche :
Jim à la pêche, au large des Bahamas, en 1970.

J'habitais en Virginie, je travaillais sur un bateau hydrographique, je m'occupais d'hydrographie. Jusque-là, ma vie avait été une ligne droite. La guerre du Viêt-nam, ce que je voyais à la télévision, toutes ces affaires-là me passaient pas mal au-dessus de la tête. J'étais encore un jeune gars, même si j'étais marié et que j'avais moi-même un enfant. Je ne m'intéressais qu'à mon boulot, aux bars, au billard.

J'ai rompu avec ma femme, j'ai tout lâché, et j'ai rejoint Paul *(Paul Ferrara était alors le photographe attitré des Doors)*, un vieux copain que j'avais rencontré à l'école et que j'avais vu au collège. On est tombés l'un sur l'autre et il m'a dit : « Je viens de déménager ici, dans les collines, si tu veux, viens habiter chez moi. » C'était en janvier 1968.

À l'époque, un tas de gens vivaient dans les rues, défendaient des causes et des idées. C'était nouveau pour moi et je me tenais un peu en retrait. Je venais à peine de tout lâcher et je tâchais de me mettre au parfum.

Une des choses qui m'intéressaient vraiment, c'était le LSD, pas tellement pour le trip, mais comme outil d'investigation psychologique. J'avais été coupé de tout un bon moment, et pendant ce temps-là, Jim et les autres de l'UCLA avaient pris pas mal d'acide durant deux ou trois ans.

La guerre du Viêt-nam mise à part, il y avait beaucoup d'espoir dans l'air. On sentait une attente de changement, ça bouillonnait considérablement, il y avait une sorte de climat prérévolutionnaire, paisible si tu veux, mais plein d'espoir, qui tournait autour de questions humanitaires. Pas politiques, pas de questions politiques à l'échelle internationale.

UN DUR

À la mi-juillet 1968, quand je me suis mis à travailler à Feast of Friends *(le film), Jim avait établi de solides relations de buveur et de noceur avec Babe. Il pouvait compter sur lui pour l'accompagner dans ses bamboches nocturnes, et parfois jusqu'à l'aube.*

Jim et moi étions très différents. L'éducation qu'on avait reçue, nos expériences particulières étaient vraiment très différentes. Pour moi, un dur, c'était un type qui entre dans un bar à bière, qui joue au billard et qui se mêle aux bagarres. Jim pouvait m'accompagner, observer tout ça, mais il n'intervenait pas vraiment.

Lorsqu'on allait à San Francisco, qu'on faisait la foire avec Michael *(Michael McClure)*, qu'on assistait à ses pièces, ce genre de trucs, on faisait pas mal de bruit dans la salle, on était joyeux, rieurs et démonstratifs. Quand il en avait envie, Jim se laissait vraiment aller. Son genre, c'était ça : bruyant et de bonne humeur.

Il avait le sens de l'humour, un formidable sens de l'humour. Il aimait rigoler, et il riait tout le temps. Quand il arrivait un truc drôle au bureau, il transformait le tout en farce énorme. Je dirais qu'il avait une personnalité exubérante. Le type n'était pas morose.

BLUE LADY

Durant les années où je l'ai fréquenté, Jim n'a jamais possédé qu'une seule voiture, une Ford Shelby GT-500, une américaine nerveuse et puissante. Babe, trahissant ainsi son côté poético-romantique, surnommait cette voiture la Blue Lady, d'après un personnage apparaissant dans Hitchhiker, *un scénario de Jim. Souvent, trop souvent, à la fin d'une soirée passablement arrosée, Jim se glissait derrière le volant et faisait en sorte que ses passagers les plus endurcis se recommandent à Dieu.*

Bon, je me rappelle d'un soir dans la Blue Lady, on descendait une rue à fond la caisse. Il venait d'accélérer et la rue finissait là, c'était une impasse. Jim était saoul et il y avait Violet avec nous, une de nos fées cocaïne. Je me retenais à elle et je disais : « Bon, cette fois, c'est la bonne. On va y rester. »

Il a freiné à fond, l'auto est montée sur le trottoir, on a roulé sur une pelouse et on est rentrés dans un arbre. Juste derrière le commissariat de Beverly Hill.

L'auto n'était pas foutue, mais le choc avait plus ou moins arraché le châssis en dessous. On avait heurté le trottoir de plein fouet. C'est pas qu'il était très haut, mais on l'avait frappé de front.

Alors, on a délégué Violet. Elle est descendue, elle a fini par trouver un taxi. Elle est revenue avec, et on est repartis ensemble, laissant l'auto sur place. Les flics n'ont jamais su qu'on était mêlés à ça.

Le lendemain, Bill Siddons fit remorquer la voiture et la fit réparer.

Dans l'une de ses chansons, Jim répète comme une litanie : « Ne me laisse pas mourir dans une automobile. » Il n'y avait jamais d'accident lorsque Babe conduisait. Pourquoi ne prenait-il pas le volant plus souvent ?

C'était pas la question. On parle de courses à la mort, là. On faisait des courses à la mort. T'en as fais quelques-unes avec nous.

Je ne veux pas m'en souvenir.

Il a entraîné Paul dans l'une d'elles, une fois. Tu te souviens, dans la ruelle derrière le *Whiskey*.

J'y étais, assis derrière. Paul était assis devant et Jim fonçait en sens inverse, dans la ruelle derrière le Whiskey.

Oui, il aimait bien faire ça.

En zigzaguant.

Non, il pouvait pas zigzaguer, c'était trop étroit.

En zigzaguant.

BRAVADES

Pendant le tournage de HWY, *Jim voulut filmer un panorama de Los Angeles illuminée la nuit. Par l'entremise d'un de nos confrères de l'UCLA, nous eûmes accès au toit du 9 000 Building, un gratte-ciel surplombant Sunset Boulevard. Quand l'équipe eut porté le matériel sur le toit en question, Jim surprit tout le monde en sautant sur une corniche étroite qui bordait le sommet de l'édifice, et demanda qu'on le filme en train de marcher le long de cette corniche. Personne ne réussit à l'en dissuader. La prise de vue qu'il avait en tête consistait à le montrer déambulant avec précaution au bord du monde avec, derrière lui, les lumières de Los Angeles miroitant dans la nuit.*

Il refusa une corde et ne tint aucun compte de nos remarques l'avisant que, sans éclairage, on ne verrait jamais qu'une ombre vague obstruant les lumières de la ville. Dans le meilleur des cas.

Quand il commença ses déambulations, nous retînmes notre souffle, parfaitement conscients qu'au moindre faux pas, il irait s'écraser sur la chaussée, trente étages plus bas. Pourquoi courait-il de tels risques ?

Très difficile de répondre à ça. La première explication qui vient à l'esprit, c'est qu'il souhaitait que quelqu'un saute sur la corniche et l'attrape pour lui prouver son amitié. Je ne pense pas que ce soit le cas. Je crois qu'il avait un complexe d'infériorité face aux gens qu'il aimait vraiment.

En tout cas, je ne voyais aucune raison de faire ça, et je me rappelle que ma réaction consistait à me dire : « Si tu tombes, tant pis pour toi, va chier. Vas-y, tombe, tu me feras pas triper une seconde avec cette connerie. Tu m'entraîneras pas là-dedans. » Parce que je pensais que c'était ça qu'il voulait faire, en un sens.

Nous avions bu, ce jour-là, et on a continué durant tout le tournage.

Il n'était pas aussi saoul que je l'ai vu bien des fois. S'il l'avait été, je l'aurais tiré de là vite fait. Je me serais penché, j'aurais saisi sa jambe, ou j'aurais marché sur la corniche et je me serais accroché à lui, mais il avait encore sa tête. Suffisamment en tout cas pour maîtriser la situation. C'était un peu comme s'il nous avait dit : « N'approchez pas, ne me touchez pas, laissez-moi faire. » Il n'était pas si saoul que ça.

D'ailleurs, un autre truc, avec ses maudites bravades, c'est qu'on savait jamais où il en était. Il pouvait être rendu au point où il fallait qu'on prenne la situation en main, à sa place, ou bien le laisser faire, parce qu'il se dominait assez. On n'était jamais vraiment sûr. En tout cas, du moment qu'il ne faisait pas ses frasques sur mon dos, je restais en retrait et je le regardais faire son numéro aux autres, ou à lui-même.

Bill Siddons, Babe, Jim et Paul Ferrara.

AUCUNE ESPÈCE DE DROGUE

Le fait qu'on ait été sur l'acide au moment où on a appris la mort de Jimi Hendrix *(le 18 septembre 1970)* et de Janis Joplin *(le 4 octobre 1970)* était une pure coïncidence. Je me souviens qu'on prenait parfois de l'acide sur la plage, là-bas, et qu'on se promenait avec des hôtesses de l'air. On a connu de riches heures sur l'acide. Euphoriques, heureuses et jubilatoires.

Et Jim n'a jamais fait de *bad trip* avec les hallucinogènes, pas en ma présence en tout cas. Sans doute parce qu'on buvait en même temps. On restait là, assis, on vidait des bières. Toujours plus saouls, plus *stone* et hilares.

Comme tu sais, il ne fumait pas tellement. Un jour, au début, il m'a dit : « Ça ne me fait plus, je n'aime plus tellement ça. »

On a pris pas mal de cocaïne, durant huit ou dix jours, quand il travaillait avec Michael McClure au scénario de *Saint Nicholas*, le dealer de coke. Ensuite, on en a pris de temps en temps. Mais jamais de façon régulière. De l'héroïne, jamais.

Une fois, penaud, il m'a raconté que durant un voyage en Europe, un type lui avait filé un gros morceau de hasch. Il l'avait avalé, puis il avait oublié ça. Un autre lui a donné un second morceau, tout aussi gros ; il était saoul et il ne se rappelait pas avoir pris le premier. Il a avalé le second. Alors, bon, il s'est retrouvé à l'hôpital. Des bonnes sœurs prenaient soin de lui, et il était terriblement gêné, parce qu'elles savaient ce qu'il avait fait. Elles étaient là, changeaient ses draps et ne lui laissaient aucune intimité.

Il prenait de la dope, je l'ai vu faire, on en a pris ensemble. Mais ce gars-là, je suis formel, n'était pas un drogué. Tout le temps où je l'ai fréquenté, ce type n'a pris aucune drogue de façon régulière.

BOURRÉ

Parmi les questions que Jim ne soulevait jamais, figurait celle de sa notoriété. On aurait dit qu'il en avait honte.

Là encore, on peut pas savoir tant qu'on n'est pas soi-même dans l'œil du cyclone. C'est une histoire à double tranchant. D'un côté, ça te donne un public pour ta poésie, mais en même temps, ça t'enlève toute crédibilité comme poète, comme poète sérieux, je veux dire. C'était un phénomène qu'il acceptait, je pense, et dont il tirait parti comme il pouvait. Avec une intelligence comme la sienne, avec des qualités intellectuelles comme les siennes, c'est une aubaine, cette affaire-là. T'as la chance d'explorer le phénomène.

Je ne crois pas que c'était négatif. Ça a peut-être mal tourné, à cause de la façon dont il a composé. Il évoluait dans une zone grise – l'ivresse – qui se situe entre la raison et la démence. Il se saoulait autant qu'il pouvait, il montait sur scène, il improvisait tout ce qui lui passait par la tête, il en faisait autant que le public pouvait en prendre, il entraînait le public aussi loin qu'il était capable d'aller, et tout à l'avenant. Mais, pour sûr, il ne planifiait rien. Il ne prévoyait pas ce qu'il allait faire avant de monter sur une scène. Il n'avait pas décidé à l'avance qu'il tomberait de la scène du Shrine Auditorium, et il n'avait pas prévu de faire tous ces trucs qui lui ont causé tant d'ennuis. Il se disait simplement : « Je vais me saouler autant que je peux et je ne serai plus responsable. Une fois bien bourré, ce sera le phénomène qui se manifestera à travers moi. »

Je cultive une constante ironie dans tout ce que je fais.

(Tiré d'un des cahiers inédits de Jim)

MIAMI

On savait parfaitement ce qui se passait à Miami. C'était une chasse aux sorcières. La seule chose à faire, c'était de rester là, bien assis, et de ne pas envenimer les choses, parce qu'on savait très bien ce qui allait arriver au bout du compte.

Il est ici question de l'arrestation de Jim à Miami et du procès subséquent qui, en plus de lourdes pertes financières, causa tant de problèmes aux Doors.

À l'issue du procès, Jim fut acquitté de l'accusation criminelle de comportement obscène, et de l'un des trois délits mineurs, celui d'ivresse dans un lieu public. En revanche, il fut reconnu coupable de blasphème et d'attentat à la pudeur, ce contre quoi son avocat interjeta immédiatement appel. Babe resta avec Jim tout au long du procès et, quand ce fut terminé, ils revinrent ensemble sur la Côte Ouest, en voiture.

Tu te souviens que toute cette histoire est arrivée un dimanche. C'était d'ailleurs une autre des astuces du juge Murry Goodman. Ils voulaient absolument mettre Jim en tôle. C'est la raison pour laquelle les accusations sont tombées un dimanche, ce qui compliquait la procédure de mise en liberté sous caution. Et c'est pourquoi le juge avait fixé la caution à 50 000 dollars, alors que l'amende, pour des condamnations comme celles-là, n'était que de 500 dollars. Ils ne se tenaient plus de jeter Morrison en prison, ne serait-ce qu'une seule nuit, peu importe.

Mais Max *(Max Fink, l'avocat de Jim)* avait un chèque tout prêt. Et on est repartis dès le lendemain, je pense. On s'est barrés. On est rentrés en auto. On voulait voir du pays et foutre le camp.

Bronzés, barbus, ravis de se retrouver sur la route, ils s'arrêtèrent à Clearwater, où Jim montra à Babe l'endroit où il habitait à l'époque quand il suivait des cours au Saint Petersburg Junior College. Mais les ennuis les poursuivaient, et ils furent jetés en prison pour avoir fait ce que Babe appelle « ... du désordre ou quelque chose du genre ».

On a passé six ou huit heures en tôle, à peu près. Ensuite, ils nous ont laissé partir parce qu'ils n'avaient pas de raison valable pour nous garder. De là, on s'est rendus à Tallahassee, où Jim avait étudié *(à l'université d'État de la Floride)*. Il m'a montré l'endroit où il vivait quand il était étudiant. Puis on a filé vers la Nouvelle-Orléans et on s'est saoulés comme deux phoques.

Au Tennessee, on s'est fait prendre à l'occasion d'un contrôle de vitesse. On avait croisé une auto garée sur le terre-plein, au milieu de l'autoroute. On n'avait pas fait gaffe à ça et, un ou deux kilomètres plus loin, un type nous a fait signe de le suivre. Alors, on a quitté l'autoroute et on a roulé derrière lui pendant cinq kilomètres, jusqu'à une petite ville endormie. Là, un juge. Un coup de marteau. « Cent dollars d'amende. » On lui a donné l'argent. « O.K. Allez-y. »

Face à tout ça, Jim était complètement résigné. Pour lui, c'était une blague ces histoires-là, ou, sinon une blague, c'était une expérience dont on rigolerait en quittant la ville.

HAUSSEMENT D'ÉPAULES

Page de droite : Jim sur scène à Miami, le 1er mars 1969. Il donna ce jour-là un spectacle plutôt costaud, à la fois théâtral et provocateur.

Si on en croit la légende, Jim fut mêlé à de nombreuses rixes et à des démolitions de bars comme dans les westerns.

Je ne l'ai jamais vu faire quoi que ce soit de violent. Mis à part quand il conduisait, peut-être. Le gars n'était pas violent. Je ne l'ai jamais vu s'en prendre à quelqu'un, ni rien du genre. Ou donner un coup, ni même gueuler

contre qui que ce soit. Oui, bon, il lui arrivait de crier, de traiter quelqu'un de nègre, mais par simple provocation, jamais dans un esprit de violence, sous le coup de la colère, ou quoi que ce soit. La violence, de quelque nature qu'elle soit, ne faisait pas partie de sa personnalité.

Pour ma part, je ne l'ai jamais vu se fâcher au point de perdre son sang-froid.

Journée de pêche dans les Caraïbes avec Babe et Max Fink.

Si quelque chose pouvait le rendre furieux, c'était les articles dans lesquels on citait ses propos de travers, ou ceux qui avançaient carrément des mensonges à son sujet, mais même dans ces cas-là, ça ne suscitait pas la moindre violence chez lui. Pas même verbale. Il haussait les épaules et il se disait qu'il ferait davantage attention la prochaine fois, pour qu'on le comprenne mieux et qu'on le cite correctement. Quant à ce qu'on écrivait sur lui sans même le rencontrer, il acceptait ça comme un inconvénient du boulot.

Tu te souviens de la bagarre chez J. Sloan's, un soir, à l'étage, autour de la table de billard ?

Je me rappelle que nous jouions au billard, que deux molosses mexicains, ronds comme des boules, voulaient prendre notre table, et que Babe ne voyait pas précisément les choses de cette manière. Il y eut des mots, puis des attitudes que l'adrénaline rendit soudain très éloquentes.

Jim fut grand. J'avais cassé la queue de billard en deux pour en faire une lance. Je me suis avancé vers le gros gars dans le coin, et Jim a sauté entre nous en criant : « Babe, les flics, les flics. »

En fin de compte, il n'y avait pas de flics, mais les cris de Jim précipitèrent les deux molosses vers la sortie et ils se perdirent dans la nuit. Jim n'était peut-être pas un bagarreur de bars, mais il savait réagir vite.

LE REMETTRE SUR LES RAILS

Pam n'affectionnait pas beaucoup les amis de Jim. La plupart du temps, elle repoussait d'un regard glacial nos tentatives de rapprochement. J'ai demandé à Babe pourquoi elle ne nous appréciait pas.

Bon, il aurait fallu mieux la connaître pour savoir ça, et en fait on ne la connaissait pas très bien.

Jim n'a jamais dit pourquoi ?

Non, il n'a jamais cherché à l'excuser, je ne pense pas. Il n'essayait pas d'expliquer son attitude.

En fait, je m'entendais plutôt bien avec Pam. Quand les Doors sont partis à Londres, ou ailleurs, Pam logeait à Topanga, et je me suis installé chez elle un mois ou deux, pour m'occuper de Sage *(le chien de Jim et de Pam)* et des éventuels problèmes. On s'est rendus là en auto, et ça s'est parfaitement bien passé entre nous. Elle pensait que tout le monde profitait de Jim et vivait à ses dépens, dans son sillage. Mais on s'est bien entendus, comme si elle était convaincue que nous n'avions pas ce genre de rapports, Jim et moi.

C'était son principal grief vis-à-vis des Doors, du personnel du bureau et des autres. Ça n'avait rien à voir avec le fait de ne pas gagner assez d'argent. Pour elle, ces gens-là sapaient la créativité de Jim.

Je pense qu'elle avait une excellente influence sur lui, sur sa poésie, en ce sens qu'elle l'encourageait à écrire. Elle ne ratait jamais une occasion de l'engueuler quand il s'éloignait de ça. Et lorsqu'il allait se défoncer, elle lui collait au cul pour le ramener sur les rails de la poésie.

Regardons les choses en face. Aucun de nous ne savait vraiment ce qui se passait entre eux dans l'intimité. Ils avaient une relation orageuse, pleine d'affection et tout, avec acrimonie, raccommodements, le tableau complet, mais quand on y regarde de près, on voit qu'ils s'aimaient profondément. Jim n'aimait aucune autre femme autant que Pam, et de loin. Bon, il a eu pas mal d'autres filles, mais il se conduisait vis-à-vis d'elles avec tellement de courtoisie que certaines se sont imaginé des choses et que d'autres ont supposé des choses, mais non, il n'y avait que Pam. Et l'histoire le prouve : il est resté avec elle du début à la fin.

POÉSIE ET PERSONNAGE

Si Jim était discret quant à son passé, il était carrément secret en ce qui concerne ses écrits. Il ne montrait le contenu de ses carnets à personne, sinon à Pam. Il ne lisait ou ne récitait ses poèmes que rarement, sauf sur scène, où ses talents poétiques étaient le plus souvent mal appréciés du public, qui voulait entendre avant tout une succession des meilleurs succès des Doors.

Je pense qu'il éprouvait une sorte de frustration du fait d'être né au mauvais moment, du fait que les poètes comme lui... Je veux dire que c'était la mauvaise époque pour ce genre de chose. C'est comme lorsqu'on est allés voir ce truc à San Diego *(un symposium artistique réunissant des poètes, écrivains et cinéastes, durant l'été 1969)*, avec Creeley, Brautigan et les autres. Il les regardait et il disait : « Ces types-là sont totalement inconnus. Je suis plus connu que ces gars-là, et ils ont plus de talent que j'en ai. Je les admire et le public ne les connaît même pas. »

Alors je vois ça comme une sorte de désenchantement par rapport à la vie en général. On sait qu'on ne sera jamais reconnu pour ce qu'on est véritablement, au fond de soi. La société ne s'occupe pas des poètes, ne les reconnaît pas, elle ne sait même pas qu'ils existent.

Je pense qu'il se sentait coincé, en quelque sorte, dans un rôle qu'il n'avait pas prévu de jouer, et c'est tout. Il en était là, tout en ayant une parfaite compréhension du phénomène. En fait, il aurait fallu être dans ses bottes pour saisir la réelle profondeur de cette histoire, avec toutes les implications. Je ne pense pas qu'il ait eu une véritable raison de vivre plus longtemps.

Écoute, tu prends un type comme lui, qu'est-ce qu'il va faire ¿ Qu'est-ce qu'il lui reste à faire ¿ Sa poésie allait être complètement éclipsée par son nom durant tout le reste de sa vie. Quand les milieux poétiques se réunissaient et qu'ils invitaient Jim Morrison, ils l'invitaient lui, pas pour ses textes, mais pour son nom, juste pour son nom.

UNE DÉMENCE

On se retrouve parfois au cœur d'un événement dont le sens nous échappe, ou il arrive qu'on partage une expérience avec quelqu'un dont on se sent proche, et qu'on réagisse d'une manière tout à fait différente de la sienne. Même en sachant cela, je ne m'attendais pas aux réflexions que Babe s'apprêtait à faire.

Jim était engagé dans un processus d'autodestruction.

Une minute. Qu'est-ce que tu veux dire ¿ Depuis le début ¿

Oui... On savait tous ça. Peut-être pas au tout début, mais très tôt.

Babe me regarda dans les yeux.

Pourquoi aurait-il bu comme ça, pourquoi se serait-il saoulé à ce point-là, alors qu'il savait très bien qu'il allait en mourir ¿ C'est comme ces courses à la mort en auto. Le lendemain, il savait très bien ce qu'il avait fait, et il savait aussi qu'il allait se saouler encore autant et qu'il recommencerait. Et chaque fois, il savait que ça pouvait finir par une mort spectaculaire à la James Dean. Voyons, Frank, tu sais ça !

Page de gauche : Jim sur scène à Cleveland, en 1968.

À Los Angeles, en 1970.

Je n'ai jamais pensé que Jim avait un désir de mort.

Pas désir. Pas un désir. C'est un cliché qui ne s'applique pas à cet homme-là. Disons plutôt un désintérêt par rapport à l'avenir. Il explorait l'ivresse. Regardons les choses ainsi : d'abord, il s'est trouvé pris dans tout ce phénomène des Doors, il est devenu un héros national, puis tout a dégénéré, pas vrai ? Ensuite, il n'avait plus d'autre but que sa poésie, mais il n'arriverait jamais à être considéré comme un poète sérieux. Il resterait toujours la rock star subversive, dissidente, on continuerait toujours à voir en lui une autre de ces rock stars complètement déjantées. T'ajoutes à ça son rejet de sa propre famille... au fond, on est tous des enfants pendus aux jupes de nos mères et on suce leur lait. Pleins d'amour et tout. Ce rejet n'est pas naturel.

Savait-il où cela conduisait ?

Bien sûr que oui, il était courageux. Il était assez intelligent pour savoir que la folie mène toujours à plus de folie. Et qu'il n'y a pas d'issue positive au bout, qu'il ne réapparaîtrait pas tout à coup de l'autre côté en disant : « Tiens, je viens de prouver quelque chose, ou de faire quelque chose d'important. » C'est du courage, ça, de savoir qu'au bout il n'y a que démence, mort et destruction.

PARIS

S'il courait à ce point-là vers l'autodestruction, pourquoi est-il allé à Paris ¿ N'était-ce pas pour mieux cultiver son art et réformer sa vie ¿

Juste un changement, pour s'éloigner de tout ce qu'il y avait ici.

Il semble que dans les semaines qui précédèrent son départ pour Paris, Jim ait fait des changements positifs.

Il était très sobre, très sobre. Il ne bambochait plus tellement avec moi. On ne s'est pas saoulés ensemble à cette époque-là. On aurait dit qu'il

Miami, 1970.

cherchait à rompre avec tout, et qu'il voulait boucler la boucle en toute sobriété. Je lui disais : « Ouais, très bien mon vieux. Bonne chance. »

Il s'en tenait de plus en plus à sa poésie, à ses publications, il voulait surtout foutre le camp et laisser derrière lui tout ce qu'il connaissait ici.

Vers la fin, il commençait à regarder les choses avec davantage de profondeur. Il savait que tout le phénomène Doors était, pour ainsi dire, terminé. Il en avait certainement sa claque des concerts, des disques, des studios, de tous ces trucs-là.

Il allait rompre et partir, mais en même temps, quand l'alcool te tient, tu peux pas t'en sortir comme ça, c'est trop facile d'entrer dans le premier bar venu, de rencontrer des gens qui te paient à boire. Et t'aimes ça, tu aimes l'ivresse qui monte, l'état d'ébriété, et la première chose que tu constates, c'est que tu fais ça depuis tant d'années.

Est-ce qu'il le reconnaissait ?

J'en suis sûr. Le type était trop intelligent. Mais connaître le mal et faire quelque chose contre sont deux phénomènes bien différents. C'est comme vouloir arrêter de fumer, sauf que c'est pas mal plus difficile.

AUTO-STOPPEUR

Je fis remarquer à Babe que dans plusieurs chansons et poèmes de Jim, deux vers reviennent à diverses reprises :

L'auto-stoppeur se tenait au bord de la route
Et levait son pouce dans le paisible calcul de la raison

Babe rigola dans sa barbe.

C'est toute l'histoire de la vie. Je ne sais pas, mon vieux. C'est trop beau pour l'expliquer. On définit ça en soi, mais on ne peut pas l'expliquer.

Il se voyait comme l'ultime auto-stoppeur, sans avenir, sans passé, et sans présent, sans espoir non plus pour aucune de ces choses. L'instant existentiel ultime, si tu veux.